安全生产知识普及百问百答丛书

人员聚集场所安全百问百答

安全生产知识普及百问百答丛书编写组

杨　勇　时　文　王琛亮　葛楠楠　曹炳文
佟瑞鹏　刘松涛　任彦斌　秦荣中　徐孟环
孙　超　韩雪萍　杨晗玉　王一波　翁兰香

中国劳动社会保障出版社

图书在版编目（CIP）数据

人员聚集场所安全百问百答/《安全生产知识普及百问百答丛书》编写组编. —北京：中国劳动社会保障出版社，2015
（安全生产知识普及百问百答丛书）
ISBN 978-7-5167-1741-7

Ⅰ. ①人…　Ⅱ. ①安…　Ⅲ. ①公共场所-安全管理-中国-问题解答　Ⅳ. ① D631.43-44

中国版本图书馆 CIP 数据核字（2015）第 057111 号

中国劳动社会保障出版社出版发行
（北京市惠新东街 1 号　邮政编码：100029）
*
中国铁道出版社印刷厂印刷装订　　新华书店经销
850 毫米 × 1168 毫米　32 开本　4.75 印张　104 千字
2015 年 3 月第 1 版　　2015 年 3 月第 1 次印刷
定价：18.00 元

读者服务部电话：（010）64929211/64921644/84643933
发行部电话：（010）64961894
出版社网址：http://www.class.com.cn

目录

概　　述

人员聚集场所消防安全

人员聚集场所安全管理

安全疏散与事故逃生

应急救援与管理

事故调查与处理

伤害急救

概　　述

1. 什么叫作安全?

危险和安全是相对的，没有绝对的危险，也没有绝对的安全。安全是指人们在生产、生活中不会遭受人身伤害以及财产损失。

生产过程中的安全，即安全生产，是指“不发生工伤事故、职业病、设备或者财产损失”。

危险度是事故发生的可能性与严重性的二元函数，是两者的结合。按照系统安全工程观点，危险是指系统中存在导致发生不期望后果的可能性超过了人们的承受程度。从危险的概念可以看出，危险是人们对事物的具体认识，必须指明具体对象，如危险环境、危险条件、危险状态、危险物质、危险场所、危险人员、危险因素等。

安全生产是为了使生产过程在符合物质条件和工作秩序下进行，防止发生人身伤亡和财产损失等生产事故，消除或控制危险有害因素，保障人身安全与健康，设备和设施免受损坏，环境免遭破坏的总称。

安全生产管理是指针对人们生产过程中的安全问题，运用有效的资源，发挥人们的智慧，通过人们的努力，进行有关决策、计划、组织和控制等活动，实现生产过程中人与机器设备、物料、环境的和谐，达到安全生产的目标。安全生产管理的目标是，减少和控制危害，减少和控制事故，尽量避免生产过程中由于事故所造成的人身伤害、财产损失、环境污染以及

其他损失。

[相关链接]

系统工程中安全的概念，认为世界上没有绝对的安全的事或者物，任何事或者物都包含有不安全因素，具有一定的危险性。危险性是安全性的反面体现，当危险性低于某种程度时，人们就认为是安全的。这样看来，安全是指危险未达到人们不可以接受的程度。

2. 事故是如何定义的?

一般是这样定义事故的：事故是指生产系统或者生产工作中的人遭受阻碍或中止现状，可能导致人员受到伤害或财产受到损失的非预先知晓的意外事件。通常人们认为，事故是指安全生产管理中的伤亡事故和职业危害事故，或者说是从业人员在生产活动中发生的人身伤害和职业中毒事故。事故具有以下几个基本特征：

（1）普遍性

各类事故的发生具有普遍性，从更广泛的意义上讲，世界上没有绝对的安全。

（2）随机性

事故的发生是随机的，同样的前因事件随时间的进程导致的后果不一定完全相同，但是它的偶然性中有必然性，必然性又存在于偶然性中。

（3）必然性

偶然性是指事物发展过程中呈现出来的某种摇摆、偏离，是可以出现或不出现、可以这样出现或那样出现的不确定的趋势。必然性是客观事物联系和发展的、合乎规律的、确定不移的趋势，是在一定条件下的不可避免性。

（4）因果相关性

事故因果性是说一切事故的发生都是由一定原因引起的，这些原因就是潜在的危险因素，事故本身就是所有潜在危险因素或显性危险因素共同作用的结果。在生产过程中存在着许多危险因素，不但有人的因素（包括人的不安全行为和管理缺陷），而且也有物的因素（包括物的本身存在着不安全因素以及环境存在着不安全条件等）。

（5）潜伏性

事故的潜伏性是说事故在尚未发生或还未造成后果之时，是不会显现出来的，好像一切还处在“正常”和“平静”状态。但生产中的危险因素是客观存在的，只要这些危险因素未被消除，事故总会发生，只是时间早晚而已。

（6）危害性

事故都具有破坏性，是人们不想看见的结果。但反过来说，人们长期同事故做斗争，也促进了生产力的发展。我们应当认识事故，预防和控制事故，研究控制事故的方法和措施。正因为如此，催生了安全生产管理这样一门学问，使人们不是消极地应对事故，而是积极主动地去预测和控制事故，将事故的危害降低到最低水平。

[相关链接]

国家安全生产监督管理总局颁布的《安全生产事故隐患排查治理暂行规定》，将“安全生产事故隐患”定义为：生产经营单位违反安全生产法律、法规、规章、标准、规程和安全生产管理制度的规定，或者因其他因素在生产经营活动中存在可能导致事故发生的物的危险状态、人的不安全行为和管理上的缺陷。

[法律提示]

国务院第493号令《生产安全事故报告和调查处理条例》，将“生产安全事故”定义为：生产经营活动中发生的造成人身伤亡或者直接经济损失的事件。

按照国家标准《企业职工伤亡事故分类》（GB 6441—1986），将企业工伤事故分为20类，分别为物体打击、车辆伤害、机械伤害、起重伤害、触电、淹溺、灼烫、火灾、高处坠落、坍塌、冒顶片帮、透水、放炮、瓦斯爆炸、火药爆炸、锅炉爆炸、其他爆炸、中毒、窒息及其他伤害等。

3. 什么是安全生产管理?

安全生产管理是管理学的重要组成部分，是安全科学的一个分支学科。那么，什么是安全生产管理呢？安全生产管理是指针对人们在生产过程中的安全问题，运用有效的资源，发挥人们的智慧，通过努力，进行有关决策、计划、组织和控制等活动，实现生产过程中人与机器设备、物料、环境的和谐发展，达到安全生产的目的。

安全生产管理的目标是：减少和控制危害，减少和控制事

故，尽量避免生产过程中由于事故所造成的人身伤害、财产损失、环境污染以及其他损失。安全生产管理包括安全生产法制管理、行政管理、监督检查、工艺技术管理、设备与设施管理、作业环境和条件管理以及劳动防护用品管理等。

安全生产管理的基本对象是企业的从业人员，涉及企业中的所有人员、设备、设施、物料、环境、财务、信息等各个方面。安全生产管理的内容包括安全生产管理机构和安全生产管理人员、安全生产责任制、安全生产管理规章制度、安全生产策划、安全生产教育培训、安全生产档案等。

[相关链接]

《辞海》中将“安全生产”解释为：为预防生产过程中发生人身、设备事故，形成良好劳动环境和工作秩序而采取的一系列措施和活动。《中国大百科全书》中将“安全生产”解释为：旨在保护劳动者在生产过程中安全的一项方针，也是企业管理必须遵循的一项原则，要求最大限度地减少劳动者的工伤和职业病，保障劳动者在生产过程中的生命安全和身体健康。

安全生产管理是企业管理的重要组成部分，包含在企业管

理之中并贯穿始终。

[法律提示]

《宪法》第四十二条规定："国家通过各种途径，创造劳动就业条件，加强劳动保护，改善劳动条件，并在发展生产的基础上，提高劳动报酬和福利待遇。"第四十三条规定："劳动者有休息的权利，国家发展劳动者休息和休养的设施，规定职工的休息时间和休假制度。"

《劳动法》第一章总则第三条规定："劳动者享有平等就业和选择职业的权利、取得劳动报酬的权利、休息和休假的权利、获得劳动安全卫生保护的权利、接受职业技能培训的权利、享受社会保险和福利的权利、提请劳动争议处理的权利以及法律规定的其他劳动权利。"

《安全生产法》第一章总则第四条规定："生产经营单位必须遵守本法和其他有关安全生产的法律、法规，加强安全生产管理，建立、健全安全生产责任制度，完善安全生产条件，确保安全生产。"

4. 什么是危险源?

危险是指某一系统、产品、设备或操作的内部和外部的一种潜在的状态，其发生可能造成人员伤害、职业病、财产损失、作业环境破坏的状态。

危险的特征在于其危险可能性的大小，与安全条件和危险概率有关。危险概率是指危险发生（转变）事故的可能性，即频度或单位时间危险发生的次数。危险的严重度或伤害、损失、危害的程度则是指每次危险发生导致的伤害程度或损失的大小。

危险源是指一个系统中具有潜在能量和物质释放危险的，可造成人员伤害，在一定的触发因素作用下可转化为事故的部位、区域、场所、空间、岗位、设备及其位置。也就是说，危险源是指可能导致死亡、伤害、职业病、财产损失、工作环境破坏或这些情况综合发生的根源或状态。工业生产作业过程中的危险源一般分为五类：

（1）毒害性、放射性、腐蚀性及传染病病原体类危险源。

（2）锅炉及压力容器设施类危险源。

（3）电气类设施危险源。

（4）高温作业区危险源。

（5）辐射类危害危险源。

《危险化学品重大危险源辨识》（GB 18218—2009）中将“重大危险源”定义为：长期地或临时地生产、加工、使用或储存危险化学品，且危险化学品的数量等于或超过临界量的单元。一个（套）生产装置、设施或场所，或同属一个生产经营单位的且边缘距离小于500 m的几个（套）生产装置、设施或场所。

[法律提示]

《安全生产法》第一百一十二条规定：“重大危险源，

是指长期地或者临时地生产、搬运、使用或者储存危险物品，且危险物品的数量等于或者超过临界量的单元（包括场所和设施）。”

《危险化学品重大危险源监督管理暂行规定》已经2011年7月22日国家安全生产监督管理总局局长办公会议审议通过，2011年8月5日国家安全生产监督管理总局第40号令予以公布，自2011年12月1日起施行。

[知识学习]

危险源应由三个要素构成，即具有潜在危险性、具有存在条件和转化成事故的触发因素。

5. 什么是事故隐患?

事故隐患是指作业场所、设备及设施的不安全状态，人的不安全行为和管理上的缺陷，是引发安全生产事故的直接原因。

事故隐患分为一般事故隐患和重大事故隐患。一般事故隐患，是指危害和整改难度较小，发现后能够立即整改排除的隐患。重大事故隐患，是指危害和整改难度较大，应当全部或者局部停产停业，并经过一定时间整改治理方能排除的隐患，或者

因外部因素影响致使生产经营单位自身难以排除的隐患。

根据《安全生产事故隐患排查治理暂行规定》（国家安全生产监督管理总局第16号令）的规定，生产经营单位应当建立、健全事故隐患排查治理制度，生产经营单位主要负责人对本单位事故隐患排查治理工作全面负责。任何单位和个人发现事故隐患，均有权向安全监管、监察部门和有关部门报告。

生产经营单位是事故隐患排查、治理和防控的责任主体，应当建立、健全事故隐患排查治理和建档监控等制度，逐级建立并落实从主要负责人到每个从业人员的隐患排查治理和监控责任制，应当保证事故隐患排查治理所需的资金，建立资金使用专项制度。

生产经营单位应当定期组织安全生产管理人员、工程技术人员和其他相关人员排查本单位的事故隐患。对排查出的事故隐患，应当按照事故隐患的等级进行登记，建立事故隐患信息档案，并按照职责分工实施监控治理。应当建立事故隐患报告和举报奖励制度，鼓励、发动职工发现和排除事故隐患，鼓励社会公众举报。对发现、排除和举报事故隐患的有功人员，应当给予物质奖励和表彰。

[知识学习]

事故隐患的分类与事故分类有密切关系，按事故发生的起因可将事故隐患归纳为21类，即火灾、爆炸、中毒和窒息、水害、坍塌、滑坡、泄漏、腐蚀、触电、坠落、机械伤害、煤与瓦斯突出、公路设施伤害、公路车辆伤害、铁路设施伤害、铁路车辆伤害、水上运输伤害、港口码头伤害、空中运输伤害、航空港伤害和其他类隐患等。

6. 事故预防与控制的基本原理是什么?

预防事故发生的相应对策分别是技术对策、教育对策及法制（或管理）对策。因为技术（engineering）、管理（enforcement）和教育（education）三个英文单词的第一个字母均为E，通常被称为“3E”对策。这是事故预防的三个支柱，发挥这三个支柱的共同作用，事故预防就可以取得满意的效果。如果只是片面地强调某一个支柱，事故预防的效果就不好。事故预防与控制基本原理具体体现以下几个方面的内容：

（1）事故可以预防

在这种原则基础上，分析事故发生的原因和过程，研究防止事故发生的理论及方法。

（2）防患于未然

事故隐患与后果存在着偶然性关系，积极有效的预防办法是防患于未然。只有排除了事故隐患，才能避免事故造成的损失。

（3）根除可能的事故原因

任何事故的出现，总是有原因的，事故与原因之间存在着必然性的因果关系。为了使预防事故的措施有效，首先应当对事故进行全面的调查和分析，准确地找出直接原因、间接原因以及其他基础原因。所以，有效的事故预防措施来源于深入的原因分析。

（4）全面治理的原则

在引起事故的各种原因之中，技术原因、教育原因以及管理原因是三种最重要的原因，必须全面考虑、缺一不可。

[相关链接]

安全生产管理的强制原理是指采取强制管理的手段控制人的意愿和行为，使个人的活动、行为等受到安全生产要求的约束。运用强制原理的原则有以下两个方面：

（1）安全第一原则

在进行生产和其他活动时把安全工作放在一切工作的首要位置。当生产或其他工作与安全发生矛盾时，要服从安全。

（2）监督原则

为了使安全生产法律、法规得到落实，设立安全生产监督管理部门，对企业生产中的守法和执法情况进行监督。

7. 我国安全生产方针和原则是什么？

（1）安全生产工作方针

《安全生产法》在总结安全生产管理经验的基础上，坚持以科学发展观为指导，从经济和社会发展的全局出发，不断深化对安全生产规律的认识，将“安全第一、预防为主、综合治理”规定为我国安全生产工作的基本方针。2011年10月1日，国务院办公厅下发了《关于印发安全生产“十二五”规划的通知》（国办

发[2011]47号），通知中明确指出：党中央、国务院高度重视安全生产，确立了安全发展理念和“安全第一、预防为主、综合治理”的方针，采取一系列重大举措加强安全生产工作。

（2）安全生产工作指导思想

安全生产工作的指导思想是：以邓小平理论和“三个代表”重要思想为指导，深入贯彻落实科学发展观，围绕科学发展的主题和加快转变经济发展方式的主线，牢固树立以人为本、安全发展的理念，坚持“安全第一、预防为主、综合治理”的方针，深化安全生产“三项行动”（集中开展“隐患治理年”“安全生产年”活动，大力推进安全生产执法、治理和宣传教育行动）、“三项建设”（切实加强安全生产法制体制机制、安全保障能力和安全监管监察队伍建设），以强化企业安全生产主体责任为重点，以事故预防为主攻方向，以规范生产为重要保障，以科技进步为重要支撑，加强基础建设，加强责任落实，加强依法监管，全面推进安全生产各项工作，继续降低事故总量和伤亡人数，减少职业危害，有效防范和遏制重特大事故，促进安全生产状况持续稳定好转，为经济社会全面、协调、可持续发展提供重要保障。

（3）安全生产工作基本原则

安全生产工作的基本原则是：统筹兼顾，协调发展。正确处理安全生产与经济发展，安全生产与速度、质量、效益的关系，坚持把安全生产放在首要位置，纳入社会管理创新的重要内容，实现区域、行业（领域）的科学、安全、可持续发展。

1）强化法治，综合治理。完善安全生产法律、法规和标准规范体系，严格安全生产执法，强化制度约束，把安全生产工作纳入依法、规范、有序、高效开展的轨道，真正做到依法准入、依法生产、依法监管。

2）突出预防，落实责任。坚持关口前移、重心下移，夯实筑牢安全生产基层基础防线，从源头上防范和遏制事故。全面落实企业主体责任，强化政府及部门监管责任和属地管理责任，加强全员、全方位、全过程的精细化管理，坚决守住安全生产这条“红线”。

3）依靠科技，创新机制。坚持科技兴安，充分发挥科技支撑和引领作用，加快安全科技研发与成果应用，建立企业、政府、社会多元投入机制，加强安全监管监察能力建设，创新监管监察方式，提升安全保障能力。

[相关链接]

“安全第一”就是在生产经营过程中，在处理生产和安全这两个方面问题时，要始终把安全放在首要位置，坚持最优先考虑人的生命安全。

“预防为主”就是按照系统工程理论，按照事故发展的规律和特点，预防事故的发生，做到防患于未然，将事故消灭在萌芽状态。

“综合治理”就是要标本兼治，重在治本，采取各种管理手段预防事故发生。在实现治标的同时，研究治本的方法，综合运用科技手段、法律规定、经济手段和行政干预，从各个方面着手解决影响安全生产的深层次问题，做到思想上、制度上、技术上、监督检查上、事故处理上和应急救援上的综合管理。

[法律提示]

《安全生产法》第一章总则第三条规定：“安全生产工作

应当以人为本，坚持安全发展，坚持安全第一、预防为主、综合治理的方针，强化和落实生产经营单位的主体责任，建立生产经营单位负责、职工参与、政府监管、行业自律和社会监督的机制。”

8. 什么是公共场所?

公共场所是供公众从事社会生活的各种场所。公众是指不同性别、年龄、职业、民族或国籍、不同健康状况、不同人际从属关系的个体组成的流动人群。公共场所是提供给公众进行工作、学习、经济、文化、社交、娱乐、体育、参观、医疗、卫生、休息、旅游和满足部分生活需求所使用的一切公用建筑物、场所及其设施的总称。

从某种意义上来说，公共场所应该是指非私人空间的所有地方，甚至延伸至网络上的虚拟空间。

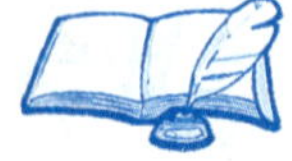

[法律提示]

《治安管理处罚条例》规定的公共场所为“车站、码头、民用航空站、市场、商场、公园、影剧院、娱乐场、运动场、展览馆或者其他公共场所”。

9. 公共场所是如何分类的?

公共场所是人群经常聚集、供公众使用或服务于人民大众的活动场所，是人们生活中不可缺少的组成部分，是反映一个国家、民族物质条件和精神文明的窗口。根据公共场所功能的不同，公共场所一般分为宾馆旅店类，公共浴池及理发店类，影剧院舞厅类，体育场馆公园类，展览馆及图书馆类，商场、候诊（车、机）室类，儿童活动中心等几大类。此外，还可将公共场所按其服务功能分为七大类，包括住宿和交际场所类、净身与美容场所类、文化娱乐场所类、体育与游乐场所类、文化交流场所类、购物场所类、就诊与交通场所类。

[知识学习]

由于我国幅员辽阔，社会经济发展水平差异较大，即使同一城市或地区，不同阶层人群的经济收入、消费需求、生活方式也各不相同。因此，各种公共场所的档次相差也很悬殊，既有车马小店，也有星级宾馆；既有单纯的理发小店，也有高档的美容美发厅等，这也给公共场所的统一管理带来了一定的困难。无论何种公共场所，首先应保证使用者的安全、健康，防止疾病的传播，以达到人们丰富生活内容、提高生活质量的美好愿望。

10. 公共场所有哪些特点?

（1）许多公共场所人员聚集

如影剧院、体育馆、俱乐部、商场、网吧等。大部分影剧院可容纳数百人、上千人；商场营业厅可容纳几十人、几百人；大型交易大厅可容纳几千人，且人员流动性强；歌舞厅、

娱乐厅、卡拉OK厅、网吧等虽然面积不是很大，但往往人员异常密集；大型公共活动人员聚集场所，几乎达到人员密集的极限。

（2）建筑物内空间大

一般公共场所为了尽量满足人员聚集的需要，经营性空间大，相应的建筑物和内部空间大。

（3）财富集中

公共场所很大一部分为经营消费性场所，财富集中。

（4）是城市经济和文化的重要载体

公共场所密集的建筑和流动人员，充分体现了城市发展的面貌，其配套设施的状况，直接反映了一个城市甚至国家的经济和文化发展状况。

[相关链接]

公共场所也是特种设备使用的高密度场所，同时也是违法犯罪经常发生的区域，更是疾病传播和环境污染的主要通道。

11. 公共场所易发生哪些安全事故?

（1）火灾事故

公共场所人员集中，进行生产、经营、娱乐、生活等各种活动，复杂的状况极易引起火灾事故。公共场所建筑物为了满足生产经营的需要，空间大、区域复杂，一旦发生火灾事故，极易酿成大的灾难，加上人员密集、财富集中，会造成巨大的生命与财产损失。

（2）拥挤、踩踏事故

公共场所人员比较集中而且流动量大，一旦发生紧急事故，人员可能因慌乱而造成拥挤、踩踏、无秩序疏散逃生等，致使较多伤亡的产生。

（3）水管爆裂、设备损坏

水管爆裂，喷淋头、消火栓阀门、管路出现故障，会造成大量漏水，可能给公共场所带来损失，影响正常活动。

（4）电梯等特种设备事故

电梯事故造成人身伤害事故主要表现形式是坠落、剪切、挤压、撞击、触电和烧伤等。

（5）其他自然灾害与治安事故

公共聚集场所除生产安全事故之外，也是其他自然灾害和治安事故的高发区域，如灾害性天气的影响、意外事故或恶意破坏风险和给第三人造成伤害的风险等。

[相关链接]

本书注重安全生产知识的讲解，主要内容围绕公共场所安全生产管理和事故预防展开。

12．什么是人员密集场所？

所谓人员密集场所，是指一定的空间或者范围内，人员聚集数量达到一定规模的公共场所，一般指以下公共场所：

（1）宾馆、饭店、商场、集贸市场、体育场馆、会堂、公

共娱乐场所。

（2）医院的门诊楼、病房楼，学校的教学楼、图书馆和集体宿舍，养老院、托儿所、幼儿园。

（3）客运车站、码头、民用机场的候车、候船、候机厅（楼）。

（4）公共图书馆的阅览室、公共展览馆的展览厅。

（5）劳动密集型企业的生产加工车间、员工集体宿舍。

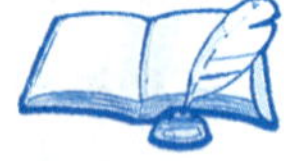

[法律提示]

《建筑设计防火规范》（GB 50016—2006）第5.3.15条说明，人员密集的公共建筑主要是指设置有同一时间内聚集人数超过50人的公共活动场所的建筑。

13. 人员密集场所火灾的危险性有哪些?

当人员密集场所发生火灾的时候，场所内产生的大量浓烟、毒气容易使被困人员的视线不清楚，很快就会出现中毒、神志不清的现象；燃烧产生的高温、热气流使人难以忍受，极易出现惊慌失措，在惊恐中争相逃命、互相拥挤，即使不被烧死或熏死，也极有可能在疏散中发生踩踏，造成人员伤亡。

安全出口的数量与宽度不足以及安全通道的堵塞、被占用是人员密集场所普遍存在的最为严重、最为突出的问题，也是容易引起群死群伤火灾事故的重要原因。人员密集场所大多设置在沿街房屋内或由其他建筑改造而成，所在建筑存在着先天性火灾隐患。不少建筑本身没有经过消防审核和验收，而且改扩建的现象也较为普遍，经营项目与建筑防火要求存在着较大差距，从而导致建筑布局不合理、安全出口的数量与宽度不足、安全出口的设置不满足规范要求、疏散通道不畅等难以整改的先天性火灾隐患。此外，还会出现因漠视消防安全管理、营业期间安全出口上锁、楼梯间堆放杂物影响疏散等问题。

[血的教训]

2010年11月5日，位于吉林市珲春街和河南街交会处的吉林商业大厦发生火灾，造成19人死亡，24人受伤。商业大厦营业时为人员密集场所，发生火灾时，大厦大部分防火卷帘门和喷淋设施未能正常动作，火灾蔓延扩大，造成群死群伤。

2014年12月31日，上海市黄浦区外滩陈毅广场举办新年倒计时活动。当天20时起，外滩风景区人员进多出少，呈现人员密集态势，据统计分析，23时聚集人员约31万人。23时35分，观景台出现上下人流涌动，最终造成了有人失衡跌倒，继而引发多人摔倒、叠压，致使拥挤踩踏事故发生。这起事故共造成36人死亡，49人受伤，社会反应强烈。

14. 人员密集场所疏散指示标志设置有哪些要求?

人员密集场所疏散走道的地面上应设嵌入式蓄光疏散指示标志，墙面两侧上应设置能保持视觉连续性的疏散指示标志，并应符合下列条件：

（1）设置在地面上间断布置时，应沿疏散走道或主要疏散路线的中心线布置，标志的宽度不宜小于15厘米，长度不宜小于30厘米。

（2）设置在墙面上时，应对称设置，其中心线距地面高度不应大于30厘米，蓄光疏散指示标志的宽度不宜小于8厘米，长度不宜小于90厘米。

（3）人员密集场所的安全出口和疏散门正上方应设置灯光“安全出口”标志，安全出口门上应设置“安全出口严禁上锁”标志，常闭式防火门上应设置“常闭式防火门请保持关闭状态”标志。

（4）逃生门锁的上部应设置标志，标明使用方法和注意事项。

[相关链接]

宾馆和公共娱乐场所应在房间门背后中上部设置消防安全疏散指示图。

人员聚集场所消防安全

15. 火灾如何分类?

（1）按燃烧对象分类

1）A类火灾。固体物质火灾，这种物质通常具有有机物性质，一般在燃烧时能产生灼热的余烬。固体物质是火灾中最常见的燃烧对象。木材及木制品、纤维板、胶合板、纸张、纸板、棉花、棉布、服装、粮食、合成橡胶、合成纤维、合成塑料、化工原料、建筑材料、装饰材料等，种类极其繁杂。

2）B类火灾。液体或可熔化的固体物质燃烧。可燃液体包括煤油、柴油、重油、动植物油等，还包括酒精、苯、乙醚、丙酮等各种有机溶剂。原油罐、汽油罐是B类火灾的重点保护对象。

3）C类火灾。可燃气体燃烧引起的火灾，如煤气、天然气、甲烷、氢等燃烧引起的火灾。

4）D类火灾。可燃金属燃烧引起的火灾，如钠、钾、钙、镁、铝、锶等金属火灾。

5）E类火灾。带电

火灾，指带电的电气设备及其他物体燃烧的火灾。

6）F类火灾。烹饪器具内的烹饪物（如动植物油脂）火灾。

（2）按火灾损失严重程度分类

2007年6月26日，公安部下发了《关于调整火灾等级标准的通知》（公消 [2007] 234号），根据《生产安全事故报告和调查处理条例》（国务院令第493号）规定的生产安全事故等级标准，新的火灾等级标准将火灾等级增加为四个等级，由原来的特大火灾、重大火灾和一般火灾三个等级调整为特别重大火灾、重大火灾、较大火灾和一般火灾四个等级。

1）特别重大火灾是指造成30人以上死亡，或者100人以上重伤，或者1亿元以上直接财产损失的火灾。

2）重大火灾是指造成10人以上30人以下死亡，或者50人以上100人以下重伤，或者5 000万元以上1亿元以下直接财产损失的火灾。

3）较大火灾是指造成3人以上10人以下死亡，或者10人以上50人以下重伤，或者1 000万元以上5 000万元以下直接财产损失的火灾。

4）一般火灾是指造成3人以下死亡，或者10人以下重伤，或者1 000万元以下直接财产损失的火灾。

注："以上"包括本数，"以下"不包括本数。

（3）按火灾发生场地与燃烧物质分类

1）建筑火灾。建筑火灾主要有普通建筑火灾、高层建筑火灾、大空间建筑火灾、商场火灾、地下建筑火灾、古建筑火灾等。

2）物资火灾。物资火灾主要有化学危险品库火灾、石油库火灾、可燃气体库火灾等。

3）生产工艺火灾。生产工艺火灾主要有普通工厂火灾、矿山火灾、化工厂火灾、石油化工厂火灾、可燃爆物矿火灾等。

4）原野火灾。原野火灾主要有森林火灾、草原火灾等。

5）运输工具火灾。运输工具火灾主要有汽车火灾、火车火灾、船舶火灾、飞机火灾、航天器火灾等。

6）特种火灾。特种火灾主要有战争火灾、地震火灾、辐射性区域火灾等。

[知识学习]

在所有火灾中，按损失划分，建筑火灾约占2/3，是损失最大的；在物资火灾中，石油库火灾损失最大；在原野火灾中，森林火灾损失最大，现在全世界28亿公顷的森林中，每年火灾烧毁约1 000万公顷。

16. 常见的起火原因有哪些？

火灾的起因很多，一般是以下原因导致的：

（1）放火

刑事犯放火，精神病人、智障人放火，自焚等。

（2）违反电气安装安全规定

电气设备安装不合规定，导线熔丝不合格，避雷设备、排除静

电设备未安装或不符合规定要求等。

（3）违反电气使用安全规定

电气设备超负荷运行、导线短路、接触不良、静电放电以及其他原因引起电气设备着火。

（4）违反安全操作规定

在进行气焊、电焊操作时，违反操作规定；在化工生产中出现超温超压、冷却中断、操作失误而又处理不当；在储存运输易燃易爆物品时，发生摩擦撞击，混存，遇水、酸、碱、热等。

（5）吸烟

乱扔烟头、火柴杆等。

（6）生活用火不慎

炉灶、燃气用具、煤油炉发生故障或使用不当等。

（7）玩火

小孩玩火、燃放烟花爆竹等。

（8）自燃

物质受热；植物，涂油物，煤堆垛过大、过久而又受潮、受热；危险化学品遇水、遇空气，相互接触、撞击、摩擦自燃等。

（9）自然灾害

雷击、风灾、地震及其他自然灾害。

（10）其他

不属于以上九类的其他原因，如战争等。

[相关链接]

工业企业生产中，最常见的消防安全事故是由于违反安全操作规程引起的。

17. 什么是爆炸？爆炸如何分类？

在自然界中存在各种爆炸现象。广义地讲，爆炸是物质系统的一种极为迅速的物理的或化学的能量释放或转化过程，是系统蕴藏的或瞬间形成的大量能量在有限的体积和极短的时间内，骤然释放或转化的现象。在这种释放或转化的过程中，系统的能量将转化为机械能以及光和热的辐射等。

爆炸极限是表征可燃气体和可燃粉尘危险性的主要参数。当可燃气体、蒸气或可燃粉尘与空气（或氧）在一定浓度范围内均匀混合，遇到火源发生爆炸的浓度范围称为爆炸浓度极限，简称爆炸极限。将这一浓度范围的混合气体（或粉尘）称作爆炸性混合气体（或粉尘）。可燃气体、蒸气的爆炸极限一般用可燃气体或蒸气在混合气体中所占的体积分数来表示；可燃粉尘的爆炸极限是以在混合物中的质量浓度（克/立方米）来表示。把能够发生爆炸的最低浓度称作爆炸下限，把能够发生爆炸的最高浓度称作爆炸上限。

一般情况下，爆炸按如下几种方式进行分类：

（1）按照爆炸灾害产生的原因和性质分类

1）物理爆炸灾害。它是由物理因素（温度、压力、体积

等）的变化引起。在物理爆炸前后，物质的性质与化学成分均不改变，如锅炉爆炸灾害、压力容器超压爆炸灾害、蒸气爆炸灾害等。

2）化学爆炸灾害。它是指灾害发生时，物质由一种化学结构迅速转变为另一种化学结构，瞬间放出大量的能量，并对外做功形成灾害。例如可燃气体或粉尘与空气形成的爆炸性混合物爆炸灾害、炸药失控爆炸灾害等。

（2）按照爆炸灾害反应相分类

1）气相爆炸灾害。气相爆炸灾害包括可燃气体和助燃气体混合物爆炸灾害、气体热分解爆炸灾害、液体被喷成雾状物点燃后引起的爆炸灾害、飞扬悬浮于空气中的可燃物粉尘引起的爆炸灾害等。

2）液相爆炸灾害。液相爆炸灾害包括聚合爆炸灾害、由不同液体混合引起的爆炸灾害。例如硝酸甘油脂混合时引起的爆炸灾害等。

3）固相爆炸灾害。固相爆炸灾害包括失控爆炸性化合物爆炸引起的灾害等。

（3）按照爆炸的变化传播速度分类

按照爆炸的变化传播速度，可分为爆燃、爆炸、爆轰。

1）爆燃。爆燃是指爆炸物质的变化速率为每秒数十米至百米，爆炸时压力不激增，没有爆炸特征响声，无多大破坏力。例如气体爆炸性混合物在接近爆炸浓度下限或上限的爆炸属于爆燃。

2）爆炸。爆炸是指爆炸物质的变化速率为每秒百米至千米，仅在爆炸点引起压力激增，有震耳的响声和破坏作用。例如火药受摩擦或遇火源引起的爆炸。

3）爆轰。这种爆炸的特点是突然升起极高的压力，其传播是通过超音速的冲击波实现的，每秒可达数千米。这种冲击波能远离爆轰发源地而存在，并引起该处其他炸药的爆炸，具有很大的破坏力。

（4）按照爆炸灾害发生原因与发生过程分类

1）燃烧类火灾与爆炸。此类爆炸是指处于密闭、敞开或半敞开式空间的可燃物质，在某种火源作用下引起的火灾与爆炸事故。露天堆场火灾、建筑物火灾、各种设备（釜、槽、罐、压缩机、管道等）火灾或爆炸、交通工具火灾、仓库火灾等多属于燃烧类火灾与爆炸事故。

2）泄漏类火灾与爆炸。此类爆炸是指处理、储存或运输可燃物质的容器、机械设备，因某种原因造成破裂而使可燃物质泄漏到大气中或进入有限空间内或外界空气进入装置内，遇引火源发生的火灾爆炸事故。

3）自燃类火灾与爆炸。可燃物不与明火接触而发生着火燃烧的现象称为自燃，由此引发的火灾爆炸事故为此类。物质自燃往往不引起人们的重视，有很多自燃现象的发生又是很难预料的，绝大多数发生在生产装置区内的操作和检修过程中，危险性极大。

4）反应失控类火灾与爆炸。此类爆炸是指由于正常的工艺条件发生失调，使反应加速，发热量增多，蒸气压力过大或反应物料发生分解、燃烧而引起的。这种事故多发生在反应器（釜、罐、塔、锅、槽）中。正常情况是当放热的化学反应进行时，其反应热借助搅拌、蛇管或夹套冷却移出反应体系之外，以维持平衡的正常反应。一旦这个条件被破坏，蒸气压力会剧增而发生事故。

5）传热类蒸气爆炸。此类爆炸是指热由高温物体急剧地向与之接触的低温液体传递，造成液相向气相的瞬间相变而发生的爆炸事故。这种爆炸事故属于潜热型火灾爆炸事故。作为容易产生传热类蒸气爆炸的物质，除水以外，还有低温液化气等石油制品类液体。

6）破坏平衡类蒸气爆炸。此类爆炸是指带压容器内的蒸气压平衡状态遭到破坏时，液相部分会立即转换为过热状态，急剧沸腾而发生蒸气爆炸。按照爆炸前可燃液体的状态，可分为高压可燃液体的蒸气爆炸、加热可燃液体的蒸气爆炸和常温可燃液化气体的蒸气爆炸。

[知识学习]

一般来说，爆炸现象具有以下特征：

（1）爆炸过程进行得很快。

（2）爆炸点附近压力急剧升高，产生冲击波。

（3）发出或大或小的响声。

（4）周围介质发生震动或临近物质遭到破坏。

[想一想]

生活和生产中经常用到哪些爆炸作用?

18. 爆炸和火灾危险场所区域是如何划分的?

爆炸和火灾危险场所区域划分见表1。

表1　　爆炸和火灾危险场所区域划分

类别	区域	分级	特征
1	有可燃气体或易燃液体蒸气爆炸危险的场所	0区	正常情况下，能形成爆炸性混合物的场所

续表

类别	区域	分级	特征
1	有可燃气体或易燃液体蒸气爆炸危险的场所	1区	正常情况下不能形成，但在不正常情况下能形成爆炸性混合物的场所
		2区	不正常情况下，整个空间形成爆炸性混合物可能性较小的场所
2	有可燃粉尘或可燃纤维爆炸危险的场所	10区	正常情况下，能形成爆炸性混合物的场所
		11区	仅在不正常情况下，才能形成爆炸性混合物的场所
3	有火灾危险的场所	21区	在生产过程中，生产、使用、储存和输送闪点高于场所环境温度的可燃液体，在数量上和配置上能引起火灾危险的场所
		22区	在生产过程中，不可能形成爆炸性混合物的可燃粉尘或可燃纤维在数量上和配置上能引起火灾危险的场所
		23区	有固体可燃物质，且在数量上和配置上能引起火灾危险的场所

[相关链接]

表1中的“正常情况”包括正常的开车、停车、运转（如敞开装料、卸料等），也包括设备和管线正常允许的泄漏情况。“不正常情况”包括装置损坏、误操作及装置的拆卸、检修、维护不当等。

19. 爆炸有哪些危害?

（1）冲击波

冲击波是指爆炸形成的高温、高压、高能量密度的气体产

物，以极高的速度向周围膨胀，强烈压缩周围的静止空气，使其压力、密度和温度突然升高，像活塞运动一样推向前进，产生波状气压向四周扩散冲击。这种冲击波能造成附近建筑物的破坏，其破坏程度与冲击波能量的大小有关，也与建筑物的坚固程度及其与产生冲击波的中心距离有关。

（2）机械破坏

爆炸的机械破坏效应会使容器、设备、装置以及建筑材料等的碎片，在相当大的范围内飞散而造成伤害。碎片四处飞散距离一般可达100~500米。

（3）震荡作用

发生爆炸时，特别是较猛烈的爆炸往往引起短暂的地震波。在爆炸波及的范围内，这种地震波会造成建筑物的震荡、开裂、松散倒塌等事故。

（4）造成二次事故

发生爆炸时，如果车间、库房（如制氢车间、汽油库或其他建筑物）里存放有可燃物资，会因为爆炸引起火灾；高空作业人员受冲击波或震荡作用，会造成高处坠落事故；粉尘作业场所轻微的爆炸冲击波会使积存于地面上的粉尘扬起，造成更大范围的二次爆炸；爆炸产生的大量毒性气体及其他产物会引发中毒事故等。

20.《消防法》的修订具有哪些重要意义?

《消防法》自1998年9月1日施行以来，对预防和减少火灾危害，保护人身、财产安全，维护公共安全，发挥了重要作用。但是，它的一些规定已经难以适应新时期消防工作的需要。

《消防法》的修订和公布实施，对加强我国消防法制建设，推进消防事业科学发展，维护公共安全，促进社会和谐，具有十分重要的意义。

（1）有利于保障消防工作与经济建设和社会发展相适应，不断提高社会公共消防安全水平。

（2）有利于全面落实消防安全责任制，建立、健全社会化的消防工作网络。

（3）有利于加强和改革消防工作制度，有效预防和减少火灾危害。

（4）有利于推进市场机制和经济手段防范火灾风险，切实发挥市场主体在保障消防安全方面的作用。

（5）有利于加强应急救援工作，推进消防力量建设，提升火灾扑救和应急救援能力。

（6）有利于完善消防执法监督工作机

制，促进公正、严格、文明、高效地执法。

[相关链接]

2009年5月1日，新《消防法》正式实施，此次修订意义重大，是中国消防事业的重大转折，新的工作原则成为最亮点，违法条例增多，处罚力度加大。

[想一想]

新修订的《消防法》实施之后，你们的企业进行了哪些宣传与贯彻活动？你从中学到了什么？

21. 群众义务消防队的职责是什么？

群众义务消防队应履行以下消防安全职责：

（1）贯彻执行本企业和本社区的消防安全管理制度，制止和劝阻违反消防安全规定和制度的行为。

（2）宣传消防安全知识。

（3）熟悉本岗位的火灾危险性，明确火灾危险部位和控制点。

（4）班前、班后注意检查本岗位或本部位以及企业消防制度的落实情况，查看有无火险隐患，及时报告和制止有可能引起着火或爆炸危险的行为。

（5）检查维护本岗位或本部位的消防器材和设施。

（6）积极参加火灾扑救，注意保护现场。

（7）协助调查火灾原因，积极提供有关线索。

[知识学习]

法律规定，无论是企业从业人员还是各界群众，都有参加有组织的灭火工作的义务。

居民住宅区的物业管理单位应当在管理范围内履行下列消防安全职责：

（1）制定消防安全制度，落实消防安全责任，开展消防安全宣传教育。

（2）开展防火检查，消除火灾隐患。

（3）保障疏散通道、安全出口、消防车通道畅通。

（4）保障公共消防设施、器材以及消防安全标志完好有效。

其他物业管理单位应当对受委托管理范围内的公共消防安全管理工作负责。

22. 如何控制和消除明火点火源?

明火有生产用火和非生产用火两类。生产中常见的明火有：加热用火，如蒸汽锅炉、加热炉等的火焰；维修用火，如焊接、切割、喷灯等；熬炼用火，如熬沥青等。非生产用火有炊事用火、烟囱飞火、取暖用火、打火机用火、抽烟等。明火点火源的控制应采取下列措施：

（1）管理和控制厂区内存在及可能存在的明火源，建立、健全各种明火的使用、管理和责任制度，并认真实施检查和监督，杜绝非必要的明火源在厂区出现。

（2）甲、乙、丙类生产车间和仓库及厂区和库区内严禁动用明火，若生产需要必须动火时应经企业的安全保卫部门或防火责任人批准，并办理动火许可证，落实各项防范措施。

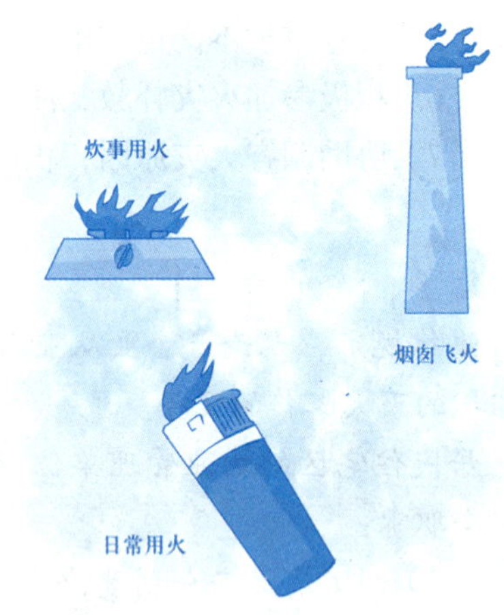

（3）对于烘烤、熬炼、锅炉、焙烧炉、加热炉、电炉等固定用火地点，必须远离甲、乙、丙类生产车间和仓库，满足防火间距要求，并办理用火许可证。

（4）焊、割地点与易燃、易爆的危险场所应保持一定距离；动火场所周围要清除可燃物，如不便清除时，可用石棉或其他耐火材料遮盖和隔离；电焊导线绝缘应保持良好，接地线不能连在易燃物或生产设备上；所要焊接的金属另一端不得堆放可燃物；焊接完毕应仔细检查现场，确认无着火危险时方可离开。

（5）为防止烟囱飞火，燃料在炉膛内要燃烧充分，烟囱要有足够高度，必要时应安装火星熄灭器。在烟囱周围一定距离内不得堆放易燃、易爆物品，不准搭建易燃建筑物。

（6）为防止机动车排气管喷火引起火灾，机动车辆不准随便进入有爆炸危险的场所，如果必须驶入，要在其排气管处安装火星熄灭器，并与危险物料保持一定距离。

[知识学习]

对于传热介质是固体的场合，火焰可通过固体的导热来点燃周围的可燃物。

[血的教训]

2003年2月2日，大年初二，冰城哈尔滨沉浸在节日的喜庆气氛中。17时59分，道外区靖宇街236号天潭酒店发生特大火灾，造成33人死亡。事故原因认定：直接原因为酒店员工违规操作，明火向煤油炉内注油引发燃爆。

23. 如何控制和消除电气引火源?

（1）对正常运行时产生火花、电弧和危险高温的电气装置，不应设置在有爆炸和火灾危险的场所。

（2）在有爆炸和火灾危险场所内，应尽量不用或少用携带式电气设备。

（3）有爆炸和火灾危险场所内的电气设备，应根据危险场所的等级合理选用其类型，以适应使用场所的条件和要求。

（4）在有爆炸和火灾危险场所内，供电线路的导线和电缆的额定电压均不得低于配电网络的额定电压。低压

供电回路要尽量采用铜芯绝缘线。

（5）在有爆炸危险场所内，所有工作零线的绝缘等级应与相线相同，并应在同一护套或管子内。绝缘导线应敷设在钢管内，严禁明敷。

（6）在有火灾危险场所内，宜采用无延燃性外被层的电缆和无延燃性护套的绝缘导线，用钢管或硬塑料管明、暗敷设。

（7）电力设备和线路在布置上应使其免受机械损伤，并应防尘、防腐、防潮、防日晒、防雨雪。

（8）正确选用保护和信号装置并合理整定，保证电气设备和线路在严重过负荷或故障情况下，都能准确、及时、可靠地切除故障设备和线路，或是发出报警信号，禁止电气设备带“病”运行。

（9）在有爆炸和火灾危险场所内，各电气设备的金属外壳应可靠接地或接零，以便碰壳接地短路时能迅速切断电源，防止短路电流产生高温高热引发爆炸与火灾。

（10）凡突然停电有可能引起电气火灾和爆炸的场所，要有两路及以上的电源供电，且两路电源之间应该能够自动切换。

[知识学习]

防爆型电气设备有隔爆型（标志d）、增安型（标志e）、充油型（标志o）、充砂型（标志q）、本质安全型（标志i）、正压型（标志p）、无火花型（标志n）和特殊型（标志s）设备。例如dⅡBT4是隔爆型、ⅡB级、T4组的隔爆型电气设备。

[血的教训]

2003年12月30日11时16分，宜宾市屏山县城西正街38号居民串架房由于电器使用不当，引起电路超载，造成重大火灾事故发生，失火面积1 395平方米，受灾37户87人，火灾事故造成6人死亡，20多人不同程度受伤。

24. 储存危险化学品场所有何消防安全要求?

危险化学品仓库具有严格的安全标准，国家对危险化学品储存场所的要求很多，一般要达到以下条件：

（1）储存危险化学品的建筑物不得有地下室或其他地下建筑，建筑物耐火等级、层数、占地面积、安全疏散和防火间距应符合国家有关规定。

（2）储存场所或建筑物内输配电线路、灯具、火灾事故照明和疏散指示标志都应符合安全要求。

（3）储存场所必须提供足够的自然通风或机械通风，防止可燃空气或有害空气的生成和积聚。

（4）根据储存仓库条件安装自动监测和火灾报警系统。

（5）储存危险化学品时，应考虑其禁忌关系，对互为禁忌物的化学品通常采用隔离层或隔开一段距离，或在不同的房间内存放。

（6）每栋化学危险品仓库的储存量不得超过国家标准，堆垛不得过高、过密，堆垛之间以及堆垛与墙壁之间应该留出一定距离、通道及通风口。

（7）储存场所应保存化学品纸质清单，且必须提供场所内化学品最新资料。

（8）禁止在危险化学品储存区域内堆积可燃废弃物品，泄漏和渗漏化学品的包装容器应迅速移至安全区域，按化学品特性，用化学的或物理的方法处理废弃物品，不得任意抛弃，以免污染环境。

（9）储存仓库工作人员应进行培训，经考核合格后持证上岗。

（10）根据危险化学品仓库所涉及危险化学品储存的具体情况，制定切合实际的应急预案。

[相关链接]

储存仓库应对各工作区域的化学品进行普查，并进行审核。审核内容包括：储存或使用的化学品的名称，化学品类别及危险性分类，化学品数量，化学品的危害程度，与化学品使用或储存有关的危害，需要的个体防护设备，职工培训信息，接触、泄漏或发生火灾时采取的应急程序和设备等。

25. 焊接、切割作业应做好哪些消防安全措施?

焊接、切割作业不论工程大小，作业前都必须做好准备工作：

（1）做好焊、割作业现场的安全检查，清除各种可燃物，预防焊、割火星飞溅而引起火灾事故。可燃物与焊、割作业的安全间距一般应不小于10米，但具体情况要具体对待，如风力的大小、风向的不同、作业的部位、是焊接还是切割等。大风天气作业时应设置风挡，防止火花飞溅。高空作业时，要把下方可燃物清理干净，必要时在作业部位下方可设置接火盘。

（2）在有易燃、易爆和有毒气体房间内作业时应先进行通风，将可能发生危险的物质排除。

（3）查清焊、割件内部的结构情况，对生产储存过易燃、易爆化学品的设备、容器和各种沾有油脂的待焊、割件，必须进行彻底清洗。作业前，应采用“一问、二看、三嗅、四测爆”的检查方法，决不能盲目操作。查清焊、割件连接部位的情况，预防热传导、热扩散而引起火灾事故。

（4）检查焊、割设备是否完整好用。在临时确定的焊、割场所，要选择好适当位置安放乙炔发生器、氧气瓶或电弧焊设备，这些设备与焊、割作业现场应保持一定的安全距离，在乙炔发生器和电焊机旁应设立“火不可近”和“防止触电”等明显标志，并拦好安全绳，防止无关人员接近这些设备。电弧焊接的导线应铺设在没有可燃物质的通道上。

（5）从事焊、割作业的工人，必须穿好工作服。在冬季，御寒的棉衣必须缝好，棉絮不能外露，以防遇到火星阴燃起火。

（6）对焊、割工程较大，环境比较复杂的临时焊、割场所，要与有关部门一起制定安全操作实施方案，做到定人、定点、定措施，落实安全岗位责任制。对联合进行施工的大型项目，要有统一指挥，工段之间、工种之间以及各施工步骤之间都要加强联系，统一步调，如发现问题，应立即停止作业。

（7）清查消防设施。根据作业现场和焊、割的性质特点，配备相应数量的灭火器材，对大型工程项目和禁火区内设备进行检修以及作业现场较为复杂时，可将消防车调到现场，随时准备灭火。

[血的教训]

2010年11月15日14时，上海静安区胶州路一栋高层公寓起火。起火点位于10~12层之间，接着整栋楼都被大火吞噬包围。大火导致58人遇难，另有70余人入院治疗，火灾事故造成的财产损失巨大，在社会上造成极其恶劣的影响。事故原因已查明，是由无证电焊工违章操作引起的，4名犯罪嫌疑人被公安机关依法刑事拘留。事故还间接反映了装修工程违法违规，层层多次分包；施工作业现场管理混乱，存在明显抢工行为；事故现场违规使用大量尼龙网、聚氨酯泡沫等易燃材料等问题。

26. 建筑施工现场应采取哪些主要的防火安全措施？

（1）建立、落实防火安全责任制。建筑工地施工人员多，往往几个单位在一个工地施工，管理难度大。因而，必须认真贯彻“谁主管、谁负责”的原则，明确安全责任，逐级签订安全责任书，确保安全。

（2）现场要有明显的防火宣传标志。必须配备消防用水和消防器材，要害部位应配备不少于4个灭火器，并经常检查、维护、保养，保证灭火器材灵敏有效。施工现场的义务消防队员，要定期参加教育培训。

（3）加强施工现场道路管理。合理规划施工现场，留出足够的防火间距。要求施工现场必须设置临时消防车道，其宽度不得小于3.5米，保证消防通道24小时畅通，禁止在临时消防车道上堆物、堆料或挤占临时消防车道。

（4）加强对明火的管理，保证明火与易燃、可燃物堆场和仓库的防火间距，防止飞火，对残余火种应及时熄灭。

（5）加强电焊、气焊操作管理，切实加强临时用电和生活用电安全管理。

[相关链接]

在建筑施工现场消防管理中，还要注意以下几点：

（1）对重点工种人员进行培训。要对一些从事火灾危险性较大的工种，如电工、油漆工、焊工、锅炉工等进行必要的消防知识培训，保证施工安全。

（2）所有施工现场应禁止吸烟。可在工地附近设置临时吸烟场所，并采取必要的安全措施。

（3）易燃、可燃液体仓库应设在地势较低的地点，电石库应设在地势较高的地点；水渍损失大的物资（如水泥）不应与可燃物同库存放；加强生石灰的管理。

（4）不得在建设工程内设置宿舍。临时工棚应单独设置，并配备消防工具和器材，有条件的应设蓄水池。

27. 什么是三级动火审批制度？

为保证企业的防火安全，企业应设固定的动火车间（或场地），同时加强对临时动火部位和场所的管理，坚持动火审批制度。

（1）一级动火审批

一级动火情况有：禁火区域内；油罐、油槽车以及储存过可燃气体，易燃、可燃液体的各种容器和设备；各种有压设备；危险性较大的高空焊、割作业；比较密闭的房间、容器和场所；作业现场堆存大量易燃、可燃物。一级动火制度的基本内容有：由要求进行焊、割作业的车间或企业的行政负责人填写动火申请单，交调度部门，由其召集焊工、安全、保卫、消防等有关人员到现场，根据现场实际情况，议出安全实施方案，明确岗位责任，定出作业时间，由参加部门的有关人员在动火申请单上签字，然后交企业主管领导审批。对危险性特别大的动火项目，由企业向上级有关主管部门提出报告，经审批同意后，才能进行动火作业。

（2）二级动火审批

二级动火情况有：在具有一定火险因素的非禁火区域内进行临时性焊、割作业；小型的油箱、油桶等容器；登高焊、割作业。二级动火制度的基本内容有：由申请焊、割作业者填写动火申请单，由车间或工段负责人召集焊工、车间安全员进行现场检查，在落实安全措施的前提下，由车间负责人、焊工和车间安全员在动火申请单上签字后，交给企业或保卫部门审批。

（3）三级动火审批

三级动火情况有：凡属非固定的、没有明显火险因素的场所，必须临时进行焊、割作业时都属于三级动火范围。三级动火制度的基本内容有：由申请动火者填写动火申请单，由焊工、车间或工段安全员签署意见后，报车间或工段长审批。

[知识学习]

所谓动火，是指在生产中动用明火或可能产生火种的作业，如熬沥青、烘砂、烤板等明火作业和凿水泥基础、打墙眼、电气设备的耐压试验、电烙铁锡焊、凿键槽、开坡口等易产生火花或高温的作业等都属于动火的范围。动火作业所用的工具一般是指电焊、气焊（割）、喷灯、砂轮、电钻等。

28. 公共娱乐场所的火灾危险性有哪些?

（1）室内装饰、装修使用大量可燃材料

公共娱乐场所内可燃物多，火灾荷载大。如一些影剧院、礼堂的屋顶建筑构件是木质构件或钢结构；舞台上的幕布和木地板是可燃的，加上道具、布景，可燃物最集中；观众厅的天花板和墙面为了满足声学设计音响效果，大多采用可燃材料。

歌舞厅、卡拉OK厅、夜总会等娱乐场所，在装潢方面更是讲究豪华气派，大量采用木材、塑料、纤维制品等可燃材料，火灾荷载大幅度增加，增大了发生火灾的概率和危害。

（2）用电设备多，着火源多，不易控制

公共娱乐场所一般采用多种照明和各类音响设备，且数量多、功率大，如果使用不当，很容易造成局部过载、短路等而引起火灾。有的灯具表面温度很高，如碘钨灯的石英灯管表面温度可达500~700℃，若与幕布、布景等可燃物质接近极易引起火灾。公共娱乐场所由于用电设备多，连接的电气线路也多，大多数影剧院、礼堂等观众厅的闷顶内和舞台电气线路纵横交错，倘若安装、使用不当，很容易引发火灾。公共娱乐场所在营业时往往还需要使用各类明火或热源，如果管理不当，也会造成火灾。

（3）人员集中，疏散困难，易造成人员重大伤亡

人员聚集的公共娱乐场所，一旦发生火灾，人员疏散是非常困难的。即使是小的火灾事故，也会导致人们惊慌失措，争先逃生，互相拥挤，不能及时疏散而造成重大伤亡事故。

（4）发生火灾蔓延快，扑救困难

公共娱乐场所的歌舞厅、影剧院、礼堂等发生火灾，由于建筑跨度大，空间高，空气流通，火势发展迅猛，极易造成房

屋倒塌，往往给扑救带来很大困难。

[血的教训]

2002年6月16日凌晨2时40分左右，北京海淀区学院路20号院内的一家名为蓝极速的网吧发生火灾。经公安消防部门现场勘查，火灾造成24人死亡，13人受伤。

事发网吧老板为了防止电脑丢失，所有窗户都装有铁栅栏，并在晚上11点离开后，将网吧包夜上网的人员用铁门从外面锁上。火灾发生时，因为门反锁、窗户加钢条，现场救护人员只能锯断钢条从后窗救出17人。

29. 公共娱乐场所消防安全管理措施有哪些?

（1）公共娱乐场所的房产所有者在与其他单位、个人发生租赁、承包等关系后，其消防安全由经营者负责。

（2）公共娱乐场所在营业时，必须确保安全出口和疏散通道畅通无阻，严禁将安全出口上锁、阻塞。

（3）公共娱乐场所在营业时不得超过额定的人数。

（4）公共娱乐场所必须加强电气防火安全管理，及时消除火灾隐患，不得超负荷用电，不得擅自拉接临时电线。

（5）严禁在公共

娱乐场所营业时进行设备检修、电气焊、油漆粉刷等施工或维修作业。

（6）公共娱乐场所内严禁带入和存放易燃、易爆物品。

（7）公共娱乐场所应当按照《建筑灭火器配置设计规范》的规定配备灭火器材，设置报警电话，定期维护保养，保证消防设施、设备完好有效。

（8）公共娱乐场所应当制定用火、用电管理制度，制定紧急安全疏散方案。在营业期间和营业结束后，应当指定专人进行安全巡视检查。特别是要注意有无遗留烟头等火种，确认安全后，切断电源。

（9）公共娱乐场所应当建立全员防火安全责任制度，全体员工都应当熟知必要的消防安全知识，会报火警，会使用灭火器材，会组织人员疏散。新职工上岗前必须进行消防安全培训。

（10）卡拉OK厅及其包房内，应当设置声音或图像警报，保证在火灾发生初期，将各卡拉OK房间的画面、音响消除，播送火灾警报，引导人员安全疏散。

[法律提示]

《机关、团体、企业、事业单位消防安全管理规定》（公安部令第61号）明确规定，公众聚集场所或者两个以上单位共同使用的建筑物局部施工需要使用明火时，施工单位和使用单位应当共同采取措施，将施工区和使用区进行防火分隔，清除动火区域的易燃、可燃物，配置消防器材，专人监护，保证施工及使用范围的消防安全。

公众聚集场所应当在具备下列消防安全条件后，向当地公安消防机构申报进行消防安全检查，经检查合格后方可开业使用：

（1）依法办理建筑工程消防设计审核手续，并经消防验收合格。

（2）建立、健全消防安全组织，消防安全责任明确。

（3）建立消防安全管理制度和保障消防安全的操作规程。

（4）员工经过消防安全培训。

（5）建筑消防设施齐全、完好有效。

（6）制定灭火和应急疏散预案。

举办集会、焰火晚会、灯会等具有火灾危险的大型活动，主办或者承办单位应当在具备消防安全条件后，向公安消防机构申请对活动现场进行消防安全检查，经检查合格后方可举办。

[相关链接]

公共娱乐场所应当在法定代表人或主要负责人中确定一名本单位的消防安全责任人，对本单位的消防安全工作负责，并向当地公安消防机构备案。

30. 什么是消防安全标志?

消防安全标志用以表达特定的安全信息，由几何图形、图形符号和安全色组成。悬挂消防安全标志是为了能够引起人们对不安全因素的注意，预防发生事故。

（1）火灾报警和手动控制装置的标志

消防手动启动器

发声警报器

火警电话

（2）紧急疏散途径的标志

紧急出口

紧急出口

疏散通道方向

疏散通道方向

灭火设备或报警装置的方向

灭火设备或报警装置的方向

（3）灭火设备的标志

灭火设备

灭火器

消防水带

地下消火栓

消防水泵接合器

地上消火栓

（4）有火灾爆炸危险性的地方或物质的标志

当心火灾—易燃物质

当心火灾—氧化物

当心爆炸—爆炸性物质

禁止用水灭火

禁止吸烟

禁止烟火

禁止放易燃物

禁止带火种

禁止燃放鞭炮

[想一想]

在工作和生活中，你是否有意识地注意过消防安全标志的存在？你了解消防安全标志的用途吗？

31. 灭火的基本方法有哪些？

燃烧发生需具备一定的条件，即同时存在可燃物质、助燃物质和点火源三个要素。这三个要素缺少任何一个，燃烧便不能发生。灭火的基本原理就是在发生火灾后，通过采取一定的措施，把维持燃烧所必须具备的条件之一破坏，燃烧就不能继续进行，火就会熄灭。因此，采取降低着火系统温度、断绝可燃物、稀释空气中的氧浓度、抑制着火区内的连锁反应等措施，都可达到灭火的目的。

火灾防治途径一般分为设计与评估、阻燃、火灾探测、灭火等。在建筑和工程的设计阶段就应该考虑到消防安全，进行安全设计，对已有的建筑和工程可以进行危险性评估，从而确定人员和财产的消防安全性能；对于建筑材料和结构可以进行阻燃处理，降低火灾发生的概率和发展的速度；一旦火灾发生，要准确、及时地发现它，并克服误报警因素；发现火灾之后，要合理配置资源，迅速、安全地扑灭火灾。目前，火灾防治的趋势是“清洁阻燃、智能探测、清洁高效灭火、性能化设计与评估”。火灾防治途径环环相扣，构成了火灾防治系统。

根据灭火原理，常见的灭火方法有如下几种：

（1）冷却灭火法

根据可燃物质发生燃烧时必须达到一定温度这个条件，将灭火剂直接喷洒在燃烧着的物体上，使可燃物质的温度降到燃点以下而停止燃烧。

（2）窒息灭火法

根据可燃物质燃烧需要足够的助燃物质（空气、氧）这个条件，采取阻止空气进入燃烧区的措施，或断绝氧气而使燃烧物质熄灭。为使火灾窒息，需将水蒸气、二氧化碳等惰性气体引入着火区，以稀释着火空间的氧浓度。当着火区空间氧浓度低于12%，或水蒸气浓度高于35%，或二氧化碳浓度高于30%~35%时，绝大多数燃烧都会熄灭。但可燃物本身为化学氧化剂物质，是不能采用窒息灭火法的。

（3）隔离灭火法

根据发生燃烧必须具备可燃物质这一条件，将燃烧物质与附近的可燃物隔离或疏散，中断可燃物的供应，使燃烧停止。

（4）化学抑制灭火法

使灭火剂参与到燃烧反应中去，起到抑制反应的作用。具体而言，就是使燃烧反应中产生的自由基与灭火剂相结合，形成稳定分子或低活性的自由基，从而切断了自由基的连锁反应链，使燃烧停止。

抑制灭火法属于化学灭火法，灭火剂参加燃烧反应。一些碱金属、碱土金属以及这些金属的化合物在燃烧时可产生高温，在高温下这些物质大部分可与卤代烷进行反应，使燃烧反应更加猛烈，故不能用化学灭火法扑救，对含氧化学品也不适用。

[知识学习]

具体灭火中采用哪种方法，应根据燃烧物质的性质、燃烧特点和火场的具体情况，以及消防技术装备的性能等实际情况来选择。一般情况下，综合运用几种灭火法效果较好。

32. 如何正确拨打火警电话?

火灾发生后，由于危险突然降临，人们容易形成恐慌心理，在这种恐慌心理的作用下，会严重干扰人们的行为，形成安全疏散和逃生的重要心理制约因素。因此，火灾发生后一定要保持冷静，做到临危不惧、临危不乱，增强自制能力，按照安全逃生路线撤离。

发生火灾时，第一时间应该想到的是拨打“119”火警电话，拨通后不要慌张，应该报告给接线员清晰详细的信息。

（1）火警电话打通后，应讲清着火单位，所在区县、街道、门牌或乡村的详细地址。

（2）要讲清什么东西着火，起火部位，燃烧物质和燃烧情况，火势怎样。

（3）报警人要讲清自己的姓名、工作单位和电话号码。

（4）报警后要派专人在街道路口等候消防车到来，指引消防车去往火场，以便迅速、准确地到达起火地点。

[法律提示]

《消防法》规定，任何人在发现火灾时，都应当立即报警。任何单位、个人都应当无偿为报警提供便利，不得阻拦报警，严禁谎报火警。

[知识学习]

例如报警人可以说：“兴旺区富强路101号，京都大饭店的二楼起火。目前有两人受伤，还有两人被困在三楼。附近的标志是富强路立交桥南50米。我叫王五，电话是1234567，我将在兴旺区富强路靠近立交桥的路口等待支援！”

33. 如何应对初起火灾?

（1）消防知识普及

单位、部门以及每个家庭成员应不断提高消防知识的学习与训练意识，增强自防自救能力。通过形式多样的学习与训练，具备一定的灭火知识和技能，是成功扑灭初起火灾的基本条件。

（2）及时准确报警

及时准确报警是控制火势蔓延的关键。无论何时何地发现火灾都要立即报警，一方面要向周围人员发出火警信号，如单位失火要向周围人员发出呼救信号，通知单位领导和有关部门；另一方面要向“119”消防指挥中心报警。

（3）疏散与抢救

疏散与抢救被困人员是火灾初起阶段的首要任务。火灾发生时，义务消防队员和其他在场人员必须坚持救人重于救火的原则，尤其是人员集中场所，更要采取稳妥可靠的措施，积极组织人员疏散。要通过喊话引导、稳定被困人员情绪、及时打开疏

散通道等方法措施，积极抢救被烟火围困的人员。

（4）灭火

掌握正确的灭火方法是成功扑灭初起火灾的保证。面对初起火灾，必须掌握正确的灭火方法，科学合理地使用灭火器材和灭火设施。

[知识学习]

不管火势大小，只要发现起火就应向消防指挥中心报警，即使有能力扑灭火灾，一般也应当报警。

[血的教训]

某日凌晨2点多钟，某夜总会发生特大火灾。火灾发生初期，员工们勇敢地抢救出了价值十余万元的财产。但是，他们只顾抢出东西和救火，却忘了报警。待拿起灭火器时又不知如何使用，甚至把灭火器丢入火中。直至自救无效，才想起报警，却不知火警电话是什么，有的拨“911”，有的拨“910”，直到凌晨2点50分，才拨对了“119”，却只喊了一句“快来救火”就挂断了电话。最终，附近一家宾馆值班员于3点03分才准确地向火警台报了警，扑救了大火。

34. 如何选择使用灭火器？

（1）A类火灾灭火器选择

A类火灾是指普通可燃物如木材、布、纸、橡胶及各种塑料燃烧引起的火灾。对A类火灾，一般可采取水冷却灭火，但对于忌水物质，如布、纸等应尽量减少水渍所造成的损失。对于珍贵图书，档案资料应使用二氧化碳、干粉灭火器灭火。

（2）B类火灾灭火器选择

B类火灾是指油脂及液体如原油、汽油、煤油、酒精等燃烧引起的火灾。对B类火灾，应及时使用泡沫灭火器进行扑救，还可使用干粉、二氧化碳灭火器。

（3）C类火灾灭火器选择

C类火灾是指可燃气体如氢气、甲烷、乙炔燃烧引起的火灾。对C类火灾，因气体燃烧速度快，极易造成爆炸，一旦发现可燃气着火，应立即关闭阀门，切断可燃气来源，同时使用干粉灭火器将气体燃烧火焰扑灭。

（4）D类火灾灭火器选择

D类火灾是指可燃金属如镁、铝、钛、锆、钠和钾等燃烧引起的火灾。对D类火灾，燃烧时温度很高，水及其他普通灭火剂在高温下会因发生分解而失去作用，应使用专用灭火剂。金属火灾灭火剂有两种类型：一是液体型灭火剂，二是粉末型灭火剂。例如用7150灭火剂扑救镁、铝、镁铝合金、海绵状钛等轻金属火灾，用原位膨胀石墨灭火剂扑救钠、钾等碱金属火灾。少量金属燃烧时可用干砂、干的食盐、石粉等扑救。

（5）E类火灾灭火器选择

电气火灾属于E类火灾。E类火灾灭火器的选择：E类火灾场所应选择磷酸铵盐干粉灭火器、碳酸氢钠干粉灭火器、卤代烷灭火器或二氧化碳灭火器，但不得选用装有金属喇叭喷筒的二氧化碳灭火器。

（6）F类火灾灭火器选择

F类火灾是指烹饪器具内的烹饪物（如动植物油脂）火灾。推荐选择厨房专用水雾灭火器。

[想一想]

在自己的企业里，观察各个不同区域设置的灭火器材类型，分析为什么配备这种灭火器材。

35. 干粉灭火器如何正确使用?

（1）储压式干粉灭火器

储压式干粉灭火器将干粉与动力（压缩）气体装于一体，其结构主要由筒体、筒盖、出粉管及喷射管组成。使用时，先使灭火器上下颠倒并摇晃几次，使内部干粉松动并与压缩气体充分混合。然后摆正灭火器，拔出手压柄和固定柄（提把）间的保险销，右手握住灭火器喷射管，左手用力压下并握紧两个手柄，使灭火器开启，待干粉射流喷出后，右手根据火灾情况，上下左右摆动，将干粉射流喷于火焰根部即可灭火。

（2）外储气瓶式干粉灭火器

该灭火器主要由二氧化碳钢瓶、筒身、出粉管及喷嘴组成。使用时用力向上提起储气钢瓶上部的开启提环，随后右手迅速握住喷管，左手提起灭火器，通过移动和喷管摆动，将干粉射流喷于火焰根部即可灭火。

（3）内储气瓶式干粉灭火器

这种干粉灭火器与外储气瓶式干粉灭火器相比，其压缩气体小钢瓶装在灭火器内。使用时拔下保险销，右手迅速握住喷管，左手将手压柄压下并提起灭火器，灭火器则会立即开启。待干粉射流喷出后，右手掌握喷管，将干粉射流对准火灾根部喷射即可灭火。

[相关链接]

使用干粉灭火器时，要注意由上风向向下风向喷射，以免风力影响灭火效果，造成灭火剂的浪费。使用时还要注意，开启操作时，不要距离燃烧物太远，并在喷射时变换位置或摆动喷管，从不同的角度对火灾进行扑救，以提高灭火效率。

36. 如何扑救电气火灾?

（1）断电灭火方法

当扑救人员的身体或所使用的消防器材接触或接近带电部位，或在冷却和灭火中直流水柱、喷射出的泡沫等射至带电部位，电流通过水或泡沫导入扑救人员身体，或电线断落对地短路在跑泄电流地区形成跨步电压时，容易发生触电事故。为了防止在扑救火灾过程中发生触电事故，首先禁止无关人员进入着火现场，特别是对于有电线落地已形成了跨步电压或接触电压的场所，一定要划分出危险区域，并有明显的标志和专人看管，以防误入而伤人。同

时，要与生产调度、电工技术人员合作，在允许断电时要尽快设法切断电源，为扑救火灾创造安全的环境。断电方法有以下几种：

1）利用变电所、配电室内电源主开关切断整个生产装置区、车间、库房的电源。应先断开自动空气开关或油断路器等主开关，然后拉断隔离开关，以免产生电弧发生危险。

2）利用建筑物内电源闸刀开关切断电源。在生产装置区、车间发生火灾时，如果生产条件允许切断电源，可利用绝缘操作杆、干燥的木棍，或者戴上干燥的绝缘手套进行关断。

3）利用动力设备的电源控制开关切断各电动机的电源。在其停止运转后，再用总开关切断配电盘的总电源，以防止产生强烈电弧，烧坏设备或烧伤正在操作的人员。

4）利用变电所和户外杆式变电台上的变压器高压侧的跌落式熔断器切断电源。变压器发生火灾需要切断电源时，可用绝缘操作杆捅跌落式熔断器的鸭嘴，使熔线管跌落而切断电源。

5）采取剪断线路的办法切断电源。对电压在250伏以下的线路或380/220伏的三相四线制线路，可穿戴绝缘靴和绝缘手套，用断电剪将电线剪断。然而，剪断的位置应在电源方向的支撑物附近，以防止导线被剪断后掉落在地上而造成接地短路；需剪断非同相电线或一根相线、一根零线的绝缘导线时，应在不同部位分两次剪断；当扭缠的单相两根导线和两芯、三芯、四芯的护套线需剪断时，也应在不同部位分两次剪断，不得使用断电剪同时在同一部位一次剪断两根或两根以上的线芯，否则极易造成短路和人身触电事故。

（2）带电灭火方法

1）用灭火器实施带电灭火。对于初起带电设备或线路火灾，应使用二氧化碳或干粉灭火器进行扑救。扑救时应根据着火电气线路或设备的电压，确定扑救最小安全距离，在确保人体、灭火器的筒体和喷嘴与带电体之间的距离不小于最小安全距离的要求下，操作人员应尽量从上风向施放灭火剂实施灭火。

2）用固定灭火系统实施带电灭火。生产装置区、库区、装卸区和变、配电所等部位的蒸汽、二氧化碳、干粉固定灭火装置，以及雾状水等固定或半固定的灭火装置，可以直接用于带电灭火。当上述部位涉及带电火灾时，应及时启动，可取得良好的灭火效果。

3）用水实施带电灭火。因水能导电，用直流水柱近距离直接扑救带电的电气设备火灾，扑救人员会有触电伤亡危险，只有在通过水流导致人体的电流低于1毫安时，才能保障扑救人员的安全。

[知识学习]

电气起火，不可用水扑救，也不可用潮湿的物品捂盖。水是导体，这样做会发生触电。正确的方法是首先切断电源，然后再灭火。

37. 如何扑救汽车火灾?

（1）当汽车发动机发生火灾时，驾驶员应迅速停车，让乘客打开车门自己下车，然后切断电源，取下随车灭火器，对准着火部位的火焰正面猛喷，扑灭火焰。

（2）汽车车厢货物发生火灾时，驾驶员应将汽车驶离重点要害部位（或人员集中场所）停下，并迅速向消防队报警。

（3）当汽车在加油过程中发生火灾时，驾驶员不要惊慌，

要立即停止加油，迅速将车开离加油站（库），用随车灭火器或加油站（库）的灭火器以及衣服等将油箱上的火焰扑灭。如果地面有流散的燃料，应用库区灭火器或沙土将地面火焰扑灭。

（4）当汽车在修理过程中发生火灾时，修理人员应迅速上车或钻出地沟，切断电源，用灭火器或其他灭火器材扑灭火焰。

（5）当汽车被撞后发生火灾时，由于被撞车辆零部件损坏，乘车人员伤亡比较严重，首要任务是设法救人。

（6）当停车场发生火灾时，一般应视着火车辆位置，采取扑救措施和疏散措施。如果着火汽车处于停车场中间，应在扑救火灾的同时，组织人员疏散周围停放的车辆。

（7）当公共汽车发生火灾时，由于车上人多，要特别冷静果断，首先应考虑救人和报警，视着火具体部位而确定逃生和扑救方法。

[知识学习]

当公共汽车发生火灾时，如果着火部位是公共汽车的发动机，驾驶员应开启所有车门，令乘客从车门下车，再组织扑救火灾。如果着火部位在汽车中间，驾驶员开启车门后，乘客应从两头车门下车，驾驶员和乘车人员再扑救火灾，控制火势。

如果车上线路被烧坏，车门开启不了，乘客可从就近的窗户下车。如果火焰封住了车门，车窗因人多不易下去，可用衣物蒙住头从车门处冲出去。

38. 人身着火如何扑救？

人身着火多数是由于工作场所发生火灾、爆炸事故或扑救火灾而引起的。也有因用汽油、苯、酒精、丙醇等易燃油品和溶剂擦洗机械或衣物，遇到明火或静电火花而引起的。当人身着火时应采取如下措施：

（1）若衣服着火又不能及时扑灭，则应迅速脱掉衣服，防止烧坏皮肤。若来不及或无法脱掉应就地打滚，用身体压灭火种。切记不可跑动，否则风助火势会造成更严重的后果。就地用水灭火效果会更好。

（2）如果身体溅上油类而着火，其燃烧速度很快。人体的裸露部分，如手、脸和颈部最易烧伤。此时伤痛难忍，神经紧张，会本能地以跑动逃脱。在场人员应立即制止其跑动，使其倒地，用石棉布、棉衣、棉被等覆盖，用水浸湿后覆盖效果更好。用灭火器扑救时，注意不要对着脸部。

[相关链接]

当发生人身着火事故时，救援人员除采取灭火方法之外，还应该注意不能因为扑火而造成受害人更大的伤害。

人员聚集场所安全管理

39. 开办公共场所和组织大型活动需要具备哪些安全条件?

（1）新建或改建公共场所时，施工设计方案必须征求公安机关的意见后，方能实施建设。

（2）建筑物、消防、电气电路等设施必须符合安全规定，并持有建筑施工和技术部门的鉴定书。

（3）公共场所的设立，必须与易燃、易爆、剧毒、放射性物品等仓库及火源保持安全距离。在居民区开设应以不影响居民正常生活秩序为原则。

（4）主要活动场所面积必须与所开展的活动人数相适应，至少要保持每人1.25平方米的活动标准。容纳150人以上的场地，必须具有两个以上出入口（2 000人以下按每250人设一个，2 000人以上按每400人设一个）。

（5）各种车辆要有专门停放地点，并应设置小件物品存放处。

（6）必须建立治安保卫组织，健全各项安全管理制度，实行三级治安承包制。

[知识学习]

对公共场所的安全生产，按照“谁主管、谁负责”的原则，依法监督管理。

40. 新建公共场所卫生许可证如何审批?

国家对公共场所以及新建、改建、扩建的公共场所的选址和设计实行卫生许可证制度。卫生许可证由县以上卫生行政部门签发。

经营单位须取得卫生许可证后，方可向工商行政管理部门申请登记，办理营业执照。

卫生许可证有效期限为四年，两年复核一次。

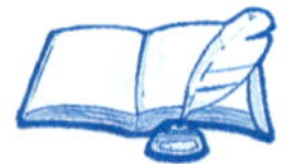

[法律提示]

《公共场所卫生管理条例实施细则》规定如下：

（1）卫生许可证由县以上卫生行政部门签发。

（2）对经营多种公共场所的单位只发放一个卫生许可证，并注明其兼营项目。因违法而需注销其中某个经营项目时，在卫生许可证的相应处加盖注销章，被注销经营项目的单位经卫生监督监测认定合格后，可申请恢复被注销的经营项目，并换发新证。

（3）卫生许可证发放程序如下：

申领卫生许可证的单位到所属卫生监督机构领取并填写公共场所卫生许可证申请书。

卫生监督机构委派卫生监督员按卫生标准和要求进行审查和监测，对符合要求的发给由卫生行政部门签发的卫生许可证。

41. 公共场所安全监督管理部门的职责是什么?

（1）安全监督管理部门要增强服务意识，提高管理水平，恪尽职守，服务到位，督促公共场所各种设备设施的所有人、管理人履行管理义务，避免管理空档。

（2）一些设计、建筑上有缺陷的公共设施，要尽快采取补救措施；公共场所滨水、临边等危险区域要增加防护设施。一时无法采取补救措施和无法增加防护设施的危险区域，要增设安全警示标志。

（3）市民广场、公园、旅游景点、游船码头、文化娱乐等公共场所的设备设施，要采取“谁主管、谁负责”的原则，进行经常性的维护维修，避免设备设施带病运行。

（4）对于建筑物或者其他设施以及建筑物上的搁置物、悬挂物，有关部门要做好巡查工作，防止发生倒塌、脱落、坠落；道路两旁、公共场所内的树木，相关单位要做好维护管理，防止发生人身伤害事故。

（5）要规范公共场所服务设备设施的经营承包活动，主管单位要同承包经营者签订安全协议，督促承包经营者增加安全投入，做好安全承诺，承担安全管理义务。

[法律提示]

《最高人民法院关于审理人身损害赔偿案件适用法律若干问题的解释》规定，道路、桥梁、隧道等人工建造的构筑物因

维护、管理瑕疵致人损害的，堆放物品滚落、滑落或者堆放物倒塌致人损害的，树木倾倒、折断或者果实坠落致人损害的，由所有人或管理人承担赔偿责任。人工建造的构筑物因设计、施工缺陷造成损害的，由所有人、管理人与设计、施工者承担连带责任。

42. 公共场所卫生监督员的职责是什么？

（1）对管辖范围内公共场所进行卫生监督监测和卫生技术指导。

（2）宣传卫生知识，指导和协助有关部门对从业人员进行卫生知识培训。

（3）根据有关规定对违反《公共场所卫生管理条例》有关条款的单位和个人提出处罚建议。

（4）参加对新建、改建、扩建的公共场所的选址和设计卫生审查和竣工验收。

（5）对公共场所进行现场检查，索取有关资料，包括取证照相、录音、录像等，调查处理公共场所发生危害健康的事故。

（6）执行卫生防疫机构交付的其他任务。

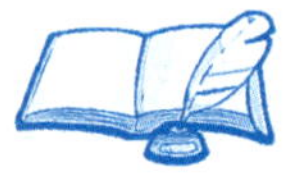

[法律提示]

《公共场所卫生管理条例实施细则》规定，各级卫生行政部门和国务院各部、委、局卫生职能部门要加强对卫生防疫机构的领导，健全机构，充实公共场所卫生技术装备和人员。

各级政府卫生行政部门所属的卫生防疫机构对管辖范围内的公共场所实施卫生监督。

43. 公共娱乐场所的设立应避开哪些区域?

（1）居民楼、博物馆、图书馆和被核定为文物保护单位的建筑物。

（2）居民住宅区和学校、医院、机关周围。

（3）车站、机场等人群密集的场所。

（4）建筑物地下一层以下。

（5）与危险化学品仓库毗连的区域。

[相关链接]

娱乐场所的边界噪声，应当符合国家规定的环境噪声标准。

44. 法律法规禁止公共娱乐活动存在哪些内容?

国家倡导弘扬民族优秀文化，禁止娱乐场所内的娱乐活动含有下列主要内容:

（1）违反宪法确定的基本原则的。

（2）危害国家统一、主权或者领土完整的。

（3）危害国家安全，或者损害国家荣誉、利益的。

（4）煽动民族仇恨、民族歧视，伤害民族感情或者侵害民族风

俗、习惯，破坏民族团结的。

（5）违反国家宗教政策，宣扬邪教、迷信的。

（6）宣扬淫秽、赌博、暴力以及与毒品有关的违法犯罪活动，或者教唆犯罪的。

（7）违背社会公德或者民族优秀文化传统的。

（8）侮辱、诽谤他人，侵害他人合法权益的。

（9）法律、行政法规禁止的其他内容。

[相关链接]

法律规定，娱乐场所及其从业人员不得实施下列行为，不得为进入娱乐场所的人员实施下列犯罪行为提供条件：

（1）贩卖、提供毒品，或者组织、强迫、教唆、引诱、欺骗、容留他人吸食、注射毒品。

（2）组织、强迫、引诱、容留、介绍他人卖淫、嫖娼。

（3）制作、贩卖、传播淫秽物品。

（4）提供或者从事以营利为目的的陪侍。

（5）赌博。

（6）从事邪教、迷信活动。

（7）其他违法犯罪行为。

45. 公共娱乐场所主管部门的权利和义务有哪些?

（1）文化主管部门、公安部门和其他有关部门的工作人员依法履行监督检查职责时，有权进入娱乐场所。娱乐场所应当予以配合，不得拒绝、阻挠。

文化主管部门、公安部门和其他有关部门的工作人员依法履行监督检查职责时，需要查阅闭路电视监控录像资料、从业人员名簿、营业日志等资料的，娱乐场所应当及时提供。

（2）文化主管部门、公安部门和其他有关部门应当记录监督检查情况和处理结果。监督检查记录由监督检查人员签字归档，公众有权查阅监督检查记录。

（3）文化主管部门、公安部门和其他有关部门应当建立娱乐场所违法行为警示记录系统；对列入警示记录的娱乐场所，应当及时向社会公布，并加大监督检查力度。

（4）文化主管部门、公安部门和其他有关部门应当建立相互间的信息通报制度，及时通报监督检查情况和处理结果。

（5）任何单位或者个人发现娱乐场所内有违反法律法规行为的，有权向文化主管部门、公安部门等有关部门举报。

文化主管部门、公安部门等有关部门接到举报，应当记录，并及时依法调查、处理；对不属于本部门职责范围的，应当及时移送其他有关部门。

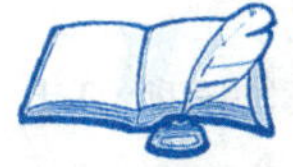

[法律提示]

《娱乐场所管理条例》规定，上级人民政府文化主管部门、公安部门在必要时，可以依照本条例的规定调查、处理由下级人民政府文化主管部门、公安部门调查、处理的案件。

下级人民政府文化主管部门、公安部门认为案件重大、复杂的，可以请求移送上级人民政府文化主管部门、公安部门调查、处理。

文化主管部门、公安部门和其他有关部门及其工作人员违反本条例规定的，任何单位或者个人可以向依法有权处理的本级或者上一级机关举报。接到举报的机关应当依法及时调查、处理。

娱乐场所行业协会应当依照章程的规定，制定行业自律规范，加强对会员经营活动的指导、监督。

46. 公共场所哪些项目应符合国家卫生标准和要求？

（1）空气、微小气候（湿度、温度、风速）。

（2）水质。

（3）采光、照明。

（4）噪声。

（5）顾客用具和卫生设施。

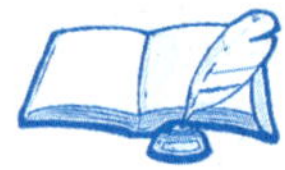

[法律提示]

《公共场所卫生管理条例》规定，公共场所的卫生标准和要求，由政府卫生行政主管部门负责制定。

47. 公共场所的卫生监督机构有哪些？

各级疾病预防控制机构，负责管辖范围内的公共场所卫生监督工作。

民航、铁路、交通、厂（场）矿疾病预防控制机构对管辖范围内的公共场所，施行卫生监督，并接受当地疾病预防控制机构的业务指导。

疾病预防控制机构根据需要设立公共场所卫生监督员，执行疾病预防控制机构交给的任务。公共场所卫生监督员由同级人民政府发给证书。

民航、铁路、交通、工矿企业疾病预防控制机构的公共场所卫生监督员，由其上级主管部门发给证书。

[相关链接]

公共场所的主管部门应当建立卫生管理制度，配备专职或者兼职卫生管理人员，对所属经营单位（包括个体经营者）的卫生状况进行经常性检查，并提供必要的条件。

48. 公共场所卫生监督机构的职责是什么？

（1）对公共场所进行卫生监测和卫生技术指导。

（2）监督从业人员健康检查，指导有关部门对从业人员进行卫生知识的教育和培训。

（3）对新建、改建、扩建的公共场所的选址和设计进行卫生审查，并参加竣工验收。

[相关链接]

卫生监督员有权对公共场所进行现场检查，索取有关资料，经营单位不得拒绝或隐瞒。卫生监督员对所提供的技术资料有保密的责任。

公共场所卫生监督员在执行任务时，应佩戴证章、出示证件。

49. 对卫生状况不符合规定的单位如何处罚?

凡有下列行为之一的单位或者个人，疾病预防控制机构可以根据情节轻重，给予警告、罚款、停业整顿、吊销卫生许可证的行政处罚：

（1）卫生质量不符合国家卫生标准和要求，而继续营业的。

（2）未获得健康合格证，而从事直接为顾客服务的。

（3）拒绝卫生监督的。

（4）未取得卫生许可证，擅自营业的。

罚款一律上交国库。

违反法律规定造成严重危害公民健康的事故或中毒事故的单位或者个人，应当对受害人赔偿损失。

违反法律规定致人残疾或者死亡，构成犯罪的，应由司法机关依法追究直接责任人员的刑事责任。

对罚款、停业整顿及吊销卫生许可证的行政处罚不服的，在接到处罚通知之日起15日内，可以向当地人民法院起诉。但对公共场所卫生质量控制的决定应立即执行。对处罚的决定不履行又逾期不起诉的，由疾病预防控制机构向人民法院申请强制执行。

[相关链接]

公共场所卫生监督机构和卫生监督员必须尽职尽责，依法办事。对玩忽职守，滥用职权，收取贿赂的，由上级主管部门给予直接责任人员行政处分。构成犯罪的，由司法机关依法追究直接责任人员的刑事责任。

50. 公共场所吸烟有什么危害？

一般来说，公共场所吸烟有以下五大危害：

（1）易引发火灾。在大量的火灾事故中，吸烟是一个很重要的致灾原因。据《中国消防年鉴》统计，每年因吸烟引起的火灾占总起数的10%以上。

（2）污染公共场所的空气。烟草燃烧时释放的烟雾中含有3 800多种已知的化学物质，绝大部分对人体有害，其中包括一氧化碳、尼古丁等生物碱、胺类、腈类、醇类、酚类、烷烃、醛类、氮氧化物、多环芳烃、杂环族化合物、羟基化合物、重金属元素、有机农药等，

范围很广，它们有多种生物学作用，对人体造成各种危害。

（3）令众多在该场所的人被动吸烟，进而对其身体造成危害。在通气条件极差的环境下，暴露在充满烟草烟雾的房间内仅1小时，被动吸烟者血液中碳氧血红蛋白从平均1.6%升至2.6%，大致相当于吸一支焦油含量中等的卷烟，而被动吸烟者吸入的烟雾中含有多种有毒物质和致癌物。

（4）易被未成年人效仿。效仿影视剧及公共场所成年人吸烟是导致未成年人吸烟的重要因素。

（5）影响了整个群体的文明形象。在公共场所吸烟，不仅是一种缺乏修养的表现，也是一种没有道德观念的反映。在公共场所吸烟尽管是一小部分人存在的陋习，却影响了整个群体的文明形象。

[相关链接]

2009年9月，湖北男子赵某某，在重庆朝天门金海洋批发市场四楼楼梯口抽烟，被处5日拘留，成为重庆市公共场所吸烟被拘第一人。该市消防总队正式表态：这是非常时期采取的非常手段，摊主知法犯法应重处。公安部同年8月20日下文要求，为确保60周年国庆安全，严令全国公安机关非常时期采取非常手段，对消防违法行为实施“六个一律”，其中就明确规定“对在有火灾危险场所吸烟者，一律拘留5日”。

51. 公共场所生产经营负责人应承担哪些安全生产责任？

生产经营单位主要负责人——安全生产第一责任者的职责主要包括：

（1）建立、健全本单位安全生产责任制。

（2）组织制定本单位安全生产规章制度和操作规程。

（3）保证本单位安全生产投入的有效实施。

（4）督促、检查本单位的安全生产工作，及时消除生产安全事故隐患。

（5）组织制定并实施本单位的生产安全事故应急救援预案。

（6）及时、如实报告生产安全事故。

[法律提示]

《安全生产法》第四条规定："生产经营单位必须建立、健全安全生产责任制。"

52. 公共场所一般有哪些消防安全管理规定?

（1）对公共场所实行公共责任强制保险。公共场所的产权单位或经营单位必须按规定向保险公司投保公众责任保险。公众责任保险实行差别费率和浮动费率，其费率、责任范围、赔付及管理办法由公安消防监督机构会同有关部门制定，报省人民政府批准。

（2）公共场所的耐火等级不能低于二级，其内部装修应当采用符合国家标准的非燃或阻燃材料。公共场所

的装修应当符合消防安全规范的要求，禁止使用可燃、易燃性装修材料。

（3）公共场所内禁止储存、经营、销毁易燃、易爆危险化学物品。在公共场所使用易燃、易爆危险化学物品应当符合消防安全的有关规定。

（4）公共场所应当加强用火用电管理。禁止在营业时间进行设备检修、电气焊（割）、油漆粉刷等施工、维修作业；禁止焚烧可燃物品及燃放烟花爆竹。

（5）公共场所的走道、楼梯、安全出口等部位应当保持畅通，不得堆放物品，疏散指示标志应当使用中、英文，并醒目完整。

（6）公共场所应当设有安全疏散线路指导图，配备相应的消防器材和救生器材。公共场所的工作人员应当掌握消防设施、器材的使用方法，熟悉公共场所的安全疏散路线。

[相关链接]

（1）设有消防控制室的单位，应当有专人昼夜值班，随时观察、记录消防设备工作的情况，及时报告火警信号。

（2）公安消防队观察到火情或接到公共场所火灾报警、上级命令时，必须迅速赶赴现场进行扑救。

公安消防监督机构统一组织和指挥火场的扑救工作。火场总指挥员依法采取紧急处置措施，任何单位和个人不得拒绝、阻拦、拖延。

（3）公共场所的工作人员以及有关人员发现火灾，应当迅速准确地报警，并及时采取扑救措施。

（4）公共场所消防安全机构的防火负责人、专（兼）职防火管理人员以及义务消防队员、职工，接到报警后必须及时赶赴火场，扑救火灾。

（5）公共场所的工作人员，在发生火灾的紧急情况下，有责任引导在场人员迅速安全转移。

53. 公共场所发生拥挤踩踏的危害是什么？

近年来，世界各国时常发生公共场所拥挤踩踏事故。拥挤是一种在很短的时间内，因为某种突发的原因，在人员集中的场所内引起的情绪亢奋、行动过激、人群大量聚集的失控现象。拥挤是突发事件，在人员密集的公共场所难免遇到，特别是我国城市人员集中，交通线路、大型活动场所经常会遇到人员拥挤的状况。

公共场所发生人群拥挤踩踏事件是非常危险的，在行进的人群中，如果前面有人摔倒，而后面不知情的人若继续向前行进的话，那么人群中极易出现像“多米诺骨牌”一样连锁倒地的拥挤踩踏现象。如2014年12月31日上海外滩陈毅广场拥挤踩踏事件，造成36人死亡，49人受伤，是一起因对群众性活动预防准备不足、现场管理不力、应对处置不当而引起的拥挤踩踏并造成重大伤亡和严重后果的公共安全责任事件。

在人多拥挤的地方发生踩踏事故的原因有多种，一般来讲，当人群因恐慌、愤怒、兴奋而情绪激动失去理智时，危险往往容易产

生。此时，置身于这样的环境中，就非常有可能受到伤害。

[知识学习]

空间有限而人群相对集中的场所容易引起拥挤踩踏安全事故，如旅游园区、商场或超市的活动场所、地铁站（含自动扶梯）、楼梯（尤其是转弯处）、狭窄的街道、酒吧、夜总会、学校或宗教集会场所等。

发生拥挤踩踏事故，容易受到伤害的主要是老人、妇女和儿童。在混乱的人群中，他们往往因为力气小、个子矮，或者是腿脚不方便、跑动不及而被人撞倒。

[血的教训]

2004年2月5日晚7时45分，北京市密云区密虹公园在举办迎春灯展过程中，由于领导管理责任不落实，导致彩虹桥上游人拥挤、踩踏，造成37人死亡，15人受伤。

经查，导致事故发生的直接原因是：负责重点部位彩虹桥保卫工作的密云县城关派出所，没有履行安全保卫职责，有关人员擅自压缩值勤人员，推迟上岗时间；灯展主办单位、承办单位安全保卫方案不落实，有关部门职责落实不到位等。

54. 如何防止公共场所拥挤踩踏事故？

（1）发觉拥挤的人群朝着自己行走的方向拥来时，应该马上避到一旁，但是不要奔跑，以免摔倒。

（2）如果到达楼层时有可以暂时躲避的房间、水房等空间，可以暂避一时。切记不要逆着人流前进，那样非常容易被推倒在地。

（3）若身不由已陷入人群之中，一定要先稳住双脚。切记远离玻璃窗，以免因玻璃破碎而被扎伤。

（4）遭遇拥挤的人流时，一定不要采取体位前倾或者低重心的姿势，即便鞋子被踩掉，也不要贸然弯腰提鞋或系鞋带。

（5）如有可能，抓住一样坚固牢靠的东西，待人群过去后，迅速而镇静地离开现场。

（6）在拥挤的人群中，要时刻保持警惕，当发现有人情绪不对，或人群开始骚动时，就要做好准备，保护自己和他人。

（7）在拥挤的人群中，千万不能被绊倒，避免自己成为拥挤踩踏事件的诱发因素。

（8）在拥挤的人群中，一定要时时保持警惕，不要总是被好奇心理所驱使。当面对惊慌失措的人群时，要保持自己情绪稳定，不要被别人感染，惊慌只会使情况更糟。惊慌难免，万万不可失措。

（9）已被裹挟至人群中时，要切记和大多数人的行进方向保持一致，不要试图超过别人，更不能逆行，要听从指挥人员的口令，同时发扬团队精神。因为组织纪律性在灾难面前非常重要，专家指出，心理镇静是个人逃生的前提，服从大局是集体逃生的关键。

（10）如果出现拥挤踩踏现象，应及时联系外援，寻求帮助，并赶快拨打“110”或“120”等。

[血的教训]

2010年11月22日夜，柬埔寨金边市发生的“送水节”踩踏事件，造成456人死亡，700人受伤。事故原因为：由于金边市区连接钻石岛的一座桥承载人数过多，导致桥梁晃动，引发人群集体恐慌，造成了拥挤踩踏事故。

55. 公共场所应采取哪些防盗措施?

（1）在公共场所内，手提包、衣物、手机等应放在自己的视线范围之内。

（2）骑车时，应将手提包缠绕在车把上，以防拎包或抢包；还应提防有些歹徒用铁丝、绳子卡轮，趁车主下车查看时，盗取车篮内的物品。行走时，应将手提包置于靠墙或是建筑物一侧，以防飞车抢夺。

（3）外出时，自行车应存放在有专人看管的停车处，并索取车票。机动车辆应尽量停放在有人看管的场所内，而且是犯罪分子难于接近或不便于作案的位置。另外，车辆要装防盗锁或防盗报警器，不要随便外借，以防他人偷配车钥匙。

（4）乘坐公共汽车出行，应提前准备好零钱，尽量不要在公共场所翻弄钱包，勿在公

共场合炫耀钱物或贵重物品，以免引起盗贼注意而尾随作案。而且，千万不要将钱包放在外衣口袋或裤子插袋等容易被他人看见或摸到的位置。上车后，尽量往车厢里面走，不要站在门口，并时刻注意故意碰撞或围绕在周围的两三个紧贴行动的人。

[相关链接]

办公室并不是“真空地带”。但是，有些人总是不注意安全，进进出出不关门，抽屉不上锁，钱物随处放的情况经常出现。一些居心不良的人就利用他人的粗心顺手牵羊，另外一些经常出没于各办公大楼、专门进行偷盗的窃贼，也正是利用人们的这一疏忽在办公室里大肆行窃。

56. 如何防止公共场所交通事故?

（1）提高对交通安全事故的危害性和应急处置的认识，建立、健全交通安全管理制度和监控体系，履行各级交通安全管理职责。

（2）大力组织开展交通安全法规、交通安全常识的学习和宣传活动，提高交通安全意识，遵守交通安全法规和管理制度。机动车驾驶人员驾车出行时，要服从交通民警和交通管理人员的指挥。

（3）严格执行“四不准”“六不开”“三检”“四勤”制度。

（4）货运车辆载物必须捆紧扎牢，不准超载、超高、超宽、超长；客车载人不准超员；车辆载运易燃、易爆、剧毒等危险品时，必须符合安全规定和操作规程，要由有经验的司机驾车。

（5）行人要在人行道内行走；横过马路时须走过街天桥、地下通道或人行横道，严禁跨越护栏或在无护栏处横过马路；在通过十字路口时，要听从交警指挥并按交通信号行走。

（6）乘坐公共汽车、电车、地铁、轻轨等交通工具时，要遵守乘车道德和纪律，须在站台安全线内候车，等车停稳后按顺序上下车，严禁推挤，下车后不要从车前车后猛跑、横穿马路；严禁携带危险品乘车；要讲究文明礼让，要给老、幼、病、残、孕乘客让座，不准乘车时打闹；在车中无座站立时，要手拉把手，以防摔倒冲撞伤人。

[知识学习]

四不准：不准闯红灯、不准抢道超车、不准超速行驶、不准乱停乱放车辆。

六不开：不开机件失灵车、不开超载超员车、不开斗气车、不开酒后车、不疲劳开车、不准无驾照人员开车。

三检：出车前检查、行车中检查、收车后检查。

四勤：勤检查、勤保养、勤换水润滑、勤维修。

57. 加油（气）站现场安全管理的主要内容是什么？

（1）加油（气）站应在醒目位置设置安全警示语、警示牌。

（2）加油（气）站每班应有专职（或兼职）安全生产管理人员进行安全检查，并填写检查记录。安全检查内容主要包括安全责任制落实情况、作业现场安全情况、设备设施运行情况等。

安全检查中发现的问题和隐患应立即报告值班站长，加油

（气）站能解决的，应立即整改；加油（气）站暂时无法解决的，要书面向上级主管部门报告，同时采取有效的防范措施。

（3）加油（气）站的从业人员必须穿戴防静电服装。

（4）加油（气）、卸油（气）作业时应遵循相关作业标准。

因设备检修等情况必须动用明火时，要书面报告上级安全部门，经批准同意后方可动火。动火过程中，应停止加油、加气作业，并采取可靠的安全措施。

（5）非加油（气）站的人员严禁进入单独设置的油（气）罐区。

（6）加油（气）站内加油（气）车辆之间的距离应符合紧急疏散的条件。

[相关链接]

加油（气）站安全警示语内容应包括：

（1）站内严禁烟火。

（2）站内严禁检修车辆、敲击铁器等易产生火花的作业。

（3）机动车辆加油（气）时必须熄火。

（4）不准在加油（气）现场使用手机。

58. 公共场所烟花爆竹燃放安全如何管理?

（1）燃放烟花爆竹，应当遵守有关法律、法规和规章的规定。县级以上地方人民政府可以根据本行政区域的实际情况，确定限制或者禁止燃放烟花爆竹的时间、地点和种类。

（2）各级人民政府和政府有关部门应当开展社会宣传活动，教育公民遵守有关法律、法规和规章，安全燃放烟花爆竹。

广播、电视、报刊等新闻媒体，应当做好安全燃放烟花爆竹的宣传、教育工作。

未成年人的监护人应当对未成年人进行安全燃放烟花爆竹的教育。

（3）燃放烟花爆竹，应当按照燃放说明燃放，不得以危害公共安全和人身、财产安全的方式燃放。

（4）举办焰火晚会以及其他大型焰火燃放活动，应当按照举办的时间、地点、环境、活动性质、规模以及燃放烟花爆竹的种类、规格和数量，确定危险等级，实行分级管理。分级管理的具体办法，由国务院公安部门规定。

（5）申请举办焰火晚会以及其他大型焰火燃放活动，主办单位应当按照分级管理的规定，向有关人民政府公安部门提出申请，并提交有关材料：举办焰火晚会以及其他大型焰火燃放活动的时间、地点、环境、活动性质、规模；燃放烟花爆竹的种类、规格、数量；燃放作业方案；燃放作业单位、作业人员符合行业标准规定条件的证明。

受理申请的公安部门应当自受理申请之日起20日内对提交的有关材料进行审查，对符合条件的，核发《焰火燃放许可证》；对不符合条件的，应当说明理由。

（6）焰火晚会以及其他大型焰火燃放活动燃放作业单位和作业人员，应当按照焰火燃放安全规程和经许可的燃放作业方案进行燃放作业。

（7）公安部门应当加强对危险等级较高的焰火晚会以及其他大型焰火燃放活动的监督检查。

[法律提示]

《烟花爆竹安全管理条例》规定禁止在下列地点燃放烟花爆竹：

（1）文物保护单位。

（2）车站、码头、飞机场等交通枢纽以及铁路线路安全保护区内。

（3）易燃、易爆物品生产、储存单位。

（4）输变电设施安全保护区内。

（5）医疗机构、幼儿园、中小学校、敬老院。

（6）山林、草原等重点防火区。

（7）县级以上地方人民政府规定的禁止燃放烟花爆竹的其他地点。

59. 乘坐地铁应禁止哪些危害运营安全的行为?

禁止下列危害城市轨道交通正常运营的行为:

（1）在车厢内吸烟、随地吐痰、便溺、吐口香糖、乱扔果皮和纸屑等废弃物。

（2）在车站、站台、站厅、出入口、通道停放车辆、堆放杂物或者擅自摆摊设点堵塞通道的。

（3）擅自进入轨道、隧道等禁止进入的区域。

（4）攀爬、跨越围墙、护栏、护网、门闸。

（5）强行上、下列车。

（6）在车厢或者城市轨道交通设施上乱写、乱画、乱张贴。

（7）携带宠物乘车。

（8）危害城市轨道交通运营和乘客安全的其他行为。

[法律提示]

《城市轨道交通运营管理办法》于2005年3月1日经第53次部常务会议讨论通过，中华人民共和国建设部令第140号公布，自2005年8月1日起施行。

60. 商场、超市的安全标志与疏散措施应符合哪些要求？

（1）商场、超市安全出口的疏散门应朝疏散方向开启，并应保障疏散通道、安全出口畅通。

（2）商场、超市的营业厅内，安全出口、疏散通道和其他疏散线路的顶部、地面或靠近地面1米以下的墙面，应设置符合国家规定的灯光疏散指示标志，并保证疏散指示标志明显、连续，指示标志的间距不应大于20米。在疏散走道的地面上设置蓄光型疏散指示标志，并保证疏散指示标志明显、连续。

营业厅、疏散通道、封闭和防烟楼梯间及前室均应设置火灾事故照明，其地面最低照度不应低于0.5勒克斯，应急照明连续供电时间不应少于30分钟。

（3）商场、超市的装修、装饰及柜台、货架应采用不燃或难燃材料。疏散通道、疏散楼梯间的装修材料应使用不燃材料，并保证耐火极限不低于1小时；通风管道等保温材料必须采用不燃材料；其他部位的装修材料应严格执行《建筑内部装修设计防火规范》的规定。

[相关链接]

商场、超市安全出口和疏散通道等处严禁下列行为：

（1）在疏散通道、疏散楼梯间及前室、消防电梯前室设置流动售货车、临时摊位或堆放货物等。

（2）在安全出口或疏散通道上安装栅栏等影响疏散的障碍物。

（3）在安全出口两侧1米范围内设置人体模特、广告牌等，或将安全出口、疏散通道变相当作库房。

（4）将防火卷帘两侧设置的平开疏散门占用或堵塞。

61. 营业性互联网服务场所的出口与疏散通道有哪些规定？

（1）互联网上网服务营业场所安全出口数目、疏散宽度和距离应符合国家有关建筑设计防火规范的规定。安全出口处不得设置门槛、台阶，疏散门应朝疏散方向开启，不得采用卷帘门、转门、吊门和侧拉门，门口不得设置门帘、屏风等影响疏散的遮挡物。互联网上网服务营业场所在经营时必须确保安全出口和疏散通道畅通，严禁将安全出口上锁、阻塞，不得安装固定的封闭门窗栅栏。

（2）互联网上网服务营业场所的安全出口、疏散通道和楼梯口应当设置符合标准的灯光疏散指示标志，疏散指示标志应当设在门的顶部、疏散通道和转角处距地面1米以下的墙面上，安全疏散指示标志的间距不宜大于20米，疏散指示标志应当明显、连续、不遮挡。疏散用的应急照明，其地面最低照度不应低于0.5勒克斯，照明供电时间不得少于20分钟，应急照明宜设在墙面或顶棚上。

（3）互联网上网服务营业场所电气线路的敷设、电气设备的安装必须符合国家和地方政府有关电气安装技术的要求，并由专业人员实施安装敷设，不准接拉临时电气线路。

[相关链接]

互联网上网服务营业场所在营业期间内禁止电、气焊等明火作业。设备维修等特殊情况确需动火作业的，应由单位的消防安全责任人或消防安全管理人批准，采取严密的防范措施。场所内禁止吸烟和明火照明，并悬挂禁止吸烟标志，禁止带入和存放易燃、易爆物品，确保用火安全。

互联网上网服务营业场所应当按照《建筑灭火器配置设计规范》配置灭火器材。

62. 宾馆、饭店应当制定哪些确保食品卫生安全的措施?

宾馆、饭店应当严格遵守有关食品卫生的法律、法规，预防食物中毒事故的发生。做到：

（1）定期进行从业人员的健康检查，持证上岗。

（2）建立、健全采购、运输、加工、储存等各环节的卫生制度，并严格执行。

（3）加工、运输、储存食品各环节生熟分开。冷荤间要专室、专人、专工具、专消毒、专冷藏。

（4）灭菌、消毒、防疫等保证食品卫生的设备设施及用具应齐全有效。

[相关链接]

星级宾馆、饭店应当制定处置突发事件的预案和各类专项预案，并定期组织演练。专项预案包括：

（1）火灾事故应急预案。

（2）反恐、防爆处置预案。

（3）大型活动安全工作预案。

（4）食物中毒事故处置预案。

（5）根据各自具体情况制定其他突发事件处置预案。

发生各类安全事故和突发事件，应当按照法规规定及时报告，发生重特大安全事故立即报告。

63. 旅游景区的安全管理机构和安全管理人员的职责有哪些？

公园、风景名胜区等旅游景区应设置安全管理机构或配备专（兼）职安全管理人员，每月至少召开一次安全会，研究、部署本单位的安全工作。

安全管理机构和安全管理人员须履行以下职责：

（1）制定和完善本单位的各项安全保卫制度，落实安全保卫防范措施。

（2）按照法律、法规有关规定确定公园、风景名胜区等旅游景区内的重点要害部位，严格落实各项保卫措施，确保重点要害部位的安全。

（3）加强重点防范部位和贵重物品、危险物品的安全管理。

（4）组织安全检查，及时发现和消除安全隐患。对有关部

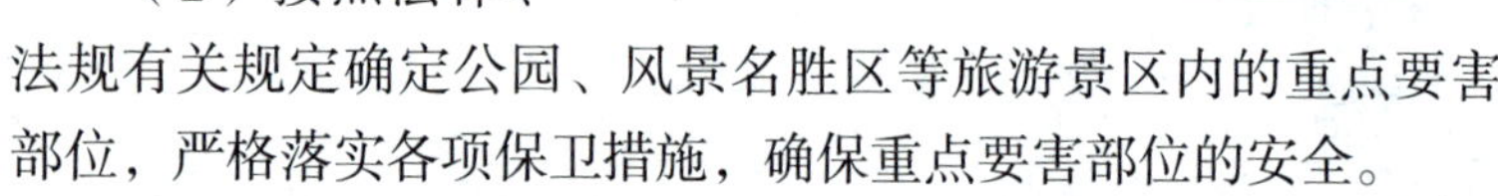

门指出的事故隐患和提出的改进建议，在规定的期限内解决，并将结果报相关部门。对暂时难以解决的事故隐患，要采取相应的安全措施。

[相关链接]

公园、风景名胜区等旅游景区举办大型活动的安全工作应当遵循“谁主办、谁负责”的原则，主办单位承担第一责任，审批单位承担监管责任。举办活动的主办单位应当制定相应的安全工作方案和应急预案。举办大型活动前，必须报上级主管部门同意，同时报当地公安、消防部门审查批准后方可进行。文物保护单位还应报文物保护部门审查批准。

举办大型活动的公园、风景名胜区等旅游景区应履行下列安全责任：

（1）保证活动场所、设施符合国家安全标准和消防安全规范。

（2）安全出入口和安全通道要设置明显的标志、标识保证畅通。

（3）必要时在场所入口处按公安机关的要求设立安全疏导缓冲区。

（4）配备应急广播、照明设施，并确保完好有效。

（5）安全技术防范设备、设施应当与举办活动的要求相适应。

安全疏散与事故逃生

64. 火灾发生时如何进行有组织的疏散?

（1）口头引导疏散

发生火灾，人们急于逃生，可能一起拥向有明显标志的出口，造成拥挤混乱。此时，工作人员要设法引导疏散，为人们指明各种疏散通道。同时要用镇定的语气呼喊，劝说人们消除面临危险时产生的恐慌心理，稳定情绪，坚定信心，积极配合，按指定路线有条不紊地安全疏散。

（2）广播引导疏散

通过广播引导人员疏散，在疏散中起着重要作用。事故广播小组在接到发生火灾的信号后，要立即启动事故广播系统，将指挥员的命令、火灾情况、疏散情况等由控制中心发出，引导人们疏散。

（3）强行引导疏散

如果火势较大，直接威胁人员安全，影响疏散时，工作人员及到达火场的义务消防队员，可利用各种灭火器材及水枪全力堵截火势，掩护被困人员疏散。由于惊慌混乱而

造成疏散通道和出入口堵塞时，要组织疏导，向外拖拉。有人跌倒时，还要设法阻止人流踩踏，迅速扶起摔倒的人员，以及采取必要的手段强制疏导，防止出现伤亡事故。安全疏散时一定要维持好秩序，注意防止互相拥挤，要帮助行动不便的老、弱、病、残者一道撤离火场。

在疏散通道的拐弯、岔道等容易走错方向的地方，应设立"哨位"指示方向，防止误入死胡同或进入危险区域。

[相关链接]

火灾事故现场里的人们最容易随流而动，也可称为聚集性或从众性，从而引起更多人的聚集，发生混乱。而混乱是安全疏散的大敌。

65. 安全疏散的注意事项有哪些?

（1）保持安全疏散秩序。

（2）应遵循疏散顺序，疏散中应保持先老、弱、病、残、孕，先旅客、顾客、观众，后员工，最后为救助人员疏散的顺序。

（3）发扬团结友爱、舍己救人的精神。

（4）疏散、控制火势和火场排烟，原则上应同时进行。

（5）疏散中原则

上禁止使用普通电梯。

（6）不要滞留在没有消防设施的场所。

（7）逃生中注意自我保护，脱下着火衣服。

（8）注意观察安全疏散标志。

地下建筑发生火灾时，应注意以下疏散原则：

（1）应制订区间（两个出入口之间的区域）疏散计划。计划应明确指出区间人员疏散路线和每条路线的负责人。

（2）服务管理人员必须熟悉计划，特别是要明确疏散路线，以便发生紧急情况时能沉着地引导人流撤离起火场所。

（3）地下建筑内的走道两侧附设的招牌、广告、装饰物均不得突出于走道内，以免妨碍疏散。

（4）如果发生断电事故，营业单位应立即启用平时备好的事故照明设施或使用手电筒、应急灯、电池灯等照明器具，以便引导疏散。

（5）单位负责安全的管理人员在人员撤离后应清理现场，防止发生在慌乱中躲藏起来的人中毒或被烧死的事故。

[相关链接]

地下建筑包括地下旅馆、商店、游艺场等。这些场所发生火灾时，烟气很快充满空间，空间温度高，能见度极差，人们在惊慌中又易迷失方向，人员疏散只能通过出入口，安全疏散的难度要比地面建筑大得多。

[知识学习]

普通电梯由于缝隙多，在发生火灾时极易受到烟火的侵袭，而且电梯竖井又是烟火蔓延的主要通道，所以将普通电梯作为疏散工具是极不安全和危险的。

[血的教训]

美国罗得岛州一个名叫西沃伟克的夜总会某日因燃放焰火引起火灾，急于逃命的人们不注意安全疏散方法，一起涌向正门，前后挤成一团，谁也逃不掉，光是正门处就有20余人被烧死、熏死，甚至踩死。

1956年，日本仙台某百货店营业中发生火灾，2 000多名顾客在训练有素的营业员统一指挥下，全部安全疏散至楼外，无一伤亡，创造了火灾发生后人员安全疏散的奇迹。

66. 可利用的建筑的疏散设施有哪些?

（1）疏散楼梯间，包括敞开楼梯间、密闭楼梯间、防烟楼梯间和室外疏散楼梯。

（2）疏散走道。

（3）安全出口，包括疏散楼梯和直通室外的疏散门。

（4）应急照明和疏散指示标志、应急广播及辅助救生设施等。

（5）超高层建筑还需设置避难层和直升机停机坪等。

[相关链接]

一般应设置封闭楼梯间的建筑物有：

（1）汽车库人员疏散用的室内楼梯。

（2）甲、乙、丙类厂房和高层厂房、高层库房的疏散楼梯。

（3）11层及11层以下的通廊式住宅，12层以上及18层以下的单元式住宅。

（4）医院、疗养院的病房楼，设有空气调节系统的多层旅馆和超过5层的其他公共建筑的室内疏散楼梯（包括底层扩大封闭楼梯间）。

67. 什么是疏散走道?

疏散走道是疏散时人员从房间内至房间门，或从房间门至疏散楼梯或外部出口等安全出口的室内走道。在发生火灾的情况下，人员要从所在建筑的房间等部位向外疏散，首先需要通过疏散走道，所以疏散走道是疏散的必经之路，通常为疏散的第一安全地带。一般要求是：

（1）走道要简明直接，尽量避免弯曲，尤其不要往返转折，否则会造成疏散阻力和产生不安全感。

（2）疏散走道内不应设置阶梯、门槛、门垛、管道等突出物，以免影响疏散。

（3）因为走道是发生火灾时疏散的必经之路，为第一安全地带，所以走道的结构和装修必须保证它的耐火性能。走道中墙面、顶棚、地面的装修应符合《建筑内部装修设计防火规范》的要求。同时，走道与房间隔墙应砌至梁、板底部并全部填实所有空隙。

[法律提示]

根据《机关、团体、企业、事业单位消防安全管理规定》（公安部令第61号）的规定，单位应当根据消防法规的有关规定，建立专职消防队、义务消防队，配备相应的消防装备、器材，并组织开展消防业务学习和灭火技能训练，提高预防和扑救火灾的能力。

单位发生火灾时，应当立即实施灭火和应急疏散预案，务必做到及时报警，迅速扑救火灾，及时疏散人员。邻近单位应当给予支援。任何单位、人员都应当无偿为报火警提供便利，不得阻拦报警。

单位应当为公安消防机构抢救人员、扑救火灾提供便利和条件。

火灾扑灭后，起火单位应当保护现场，接受事故调查，如实提供火灾事故的情况，协助公安消防机构调查火灾原因，核定火灾损失，查明火灾事故责任。未经公安消防机构同意，不得擅自清理火灾现场。

[知识学习]

《建筑内部装修设计防火规范》（GB 50222—95）2001年已经修订。

[血的教训]

1993年11月19日，广东省深圳市葵涌镇致丽玩具厂发生火灾，造成87人死亡，51人受伤。事故后发现，在玩具厂楼梯下被焊死的卷帘门后堆满了被熏遇难的工厂员工。

68. 火场逃生应避免哪些错误行为?

火灾中的缺氧、高温、烟尘、毒性气体是危害人体的主要原因，其中任何一种危害都能置人于死地。

（1）缺氧

由于火场上可燃物燃烧消耗氧气，同时产生毒气，使空气中的氧浓度降低。特别是建筑物内着火，在门窗关闭的情况下，火场中的氧气会迅速降低，使火场中的人员由于氧气减少而窒息死亡。当氧气在空气中的含量由21%的正常水平下降到15%时，人体的肌肉协调受到影响；如再继续下降到14%甚至10%，人虽然有知觉，但判断

力会明显减退，并且很快感觉疲劳；降到10%甚至6%时，人的大脑便会失去知觉，呼吸及心脏同时衰竭，数分钟内可死亡。

（2）高温

由于火场上可燃物多，火灾发展蔓延迅速，火场上的气体温度在短时间内即可达到几百摄氏度，空气中的高温会损伤呼吸道。当火场温度达到49~50℃时，能使人的血压迅速下降，导致循环系统衰竭。吸入的气体温度超过70℃，会使气管、支气管内黏膜充血、起水疱，组织坏死，并引起肺水肿而窒息死亡。人在100℃的环境中即可出现虚脱现象，丧失逃生能力，严重者会造成死亡。

（3）烟尘

火场上的热烟尘是由燃烧中析出的碳粒子、焦油状液滴，以及房屋倒塌时扬起的灰尘等组成。这些烟尘随热空气一起流动，若被人吸入呼吸系统后，能堵塞、刺激呼吸道内黏膜，有些甚至能危害人的生命。

（4）毒性气体

火灾中可燃物燃烧产生大量烟雾，其中含有一氧化碳、二氧化碳、氯化氢、氮氧化物、硫化氢、氰化氢、光气等有毒气体。这些气体对人体的毒害作用很复杂。

在人员聚集场所，一旦发生火灾等较严重的安全事故，由于人们受求生心理的驱使，常常会出现一些错误的疏散行为，这些行为必须避免。常见的错误行为如下：

（1）原路脱险

一旦发生火灾，人们总是习惯性地沿着进来的出入口和楼道进行逃生，当发现此路被封死时，才被迫去寻找其他出入口。殊不知，此时已失去最佳逃生时间。

（2）向光朝亮

在紧急危险情况下，由于人的本能、生理、心理所决定，人们总是朝着有光、明亮的方向逃生。但是，很多时候光亮的地方正是火灾燃烧比较厉害的地方，也是最危险的地方。

（3）盲目追随

当人的生命突然面临危险状态时，极易因惊慌失措而失去正常的判断思维能力，当听到或看到有什么人在前面跑动时，第一反应就是紧紧地追随其后。

（4）自高向下

当高楼大厦发生火灾时，特别是高层建筑一旦失火，人们总是习惯性地认为，火是从下面往上着的，越高越危险，越往下越安全。其实很多时候，楼下已是一片火海。

（5）冒险跳楼

人们在发现逃生之路被大火封死，火势越来越大，烟雾越来越浓时，人们就很容易失去理智，盲目跳楼、跳窗等，增加了受伤害的概率。

[相关链接]

在疏散过程中，始终应把疏散秩序和安全作为重点，尤其是要防止发生拥挤、踩踏、摔伤等事故。火场逃生应采用以下基本方法：

（1）扑灭小火，惠及他人利自身。

（2）保持镇静，明辨方向，迅速撤离。

（3）不入险地，不贪财物。

（4）简易防护，蒙鼻匍匐。

（5）善用通道，莫入电梯。

（6）缓降逃生，滑绳自救。

（7）避难场所，固守待援。

（8）缓晃轻抛，寻求援助。

（9）跳楼有术，虽损求生。

（10）火已及身，切勿惊跑。

（11）身处险境，自救莫忘救他人。

[血的教训]

1993年7月，有关组织在英国南部的一所大学做了一次逃生实验。当学生们正在教室上晚自习的时候，走廊里的火灾警报器突然响了。等大家明白过来是怎么回事之后，都一股脑儿涌出教室。很快，这座六层小楼的主疏散楼梯挤满了等待疏散的学生，并且每个学生手里都提着大包小包的东西，使本来就拥挤的楼梯显得更拥挤了。这些包里大都装着书本，很沉。况且，人在往外挤的时候，这些包常常被后面的人流卡住，从而降低了人们的逃生速度。在这个实验中，学生们花了几个小时才全部疏散完毕。

69. 火灾现场逃生应注意哪些问题？

（1）保持镇静，克服惊慌心理，谨防心理崩溃。

（2）逃生时，应遵循疏散顺序。就多层场所而言，疏散应以先着火层，后着火层以上各层，再下层的顺序进

行，优先安排受火势威胁最严重及最危险区域内的人员疏散。

（3）逃生时要注意随手关闭通道上的门窗，特别是防火门、防火卷帘等设施控制火势，启用通风和排烟系统降低烟雾浓度，阻止烟火侵入疏散通道，及时关闭各种防火分隔设施等措施，都可为安全疏散创造有利条件，使疏散行动进行得更为顺利、安全。

（4）克服盲目从众行为。

（5）火场逃生要迅速，动作越快越好。

（6）不要向狭窄的角落退避。

（7）不要在烟气中直立行走，做深呼吸后，屏气并尽量低姿势匍匐前进，用湿毛巾捂住口鼻。

（8）不要重返火场。

（9）不要轻易乘坐普通电梯。

（10）不要身穿着火衣服跑动。

（11）不能盲目跳楼。

（12）要正确估计火势的发展和蔓延势态，防止产生侥幸心理。

[知识学习]

很多火灾案例证明，在火灾事故的遇难者中，有一部分人就是因为顾及自己的钱财、贵重物品而丧失逃生良机，被无情的火魔吞噬；或者为了抢回自己的财物，又冲进去拿东西，殊不知火情瞬息万变，哪怕是一分一秒，有时也能决定生与死。

[血的教训]

1999年发生在江西的一次工厂火灾中，有两名员工就是为了回房间去拿钱包而没能再次逃出来，被永远留在了房间。

70. 商场（集贸市场）发生火灾如何疏散逃生？

（1）利用疏散通道逃生

每个商场都按规定设有室内楼梯、室外楼梯，有的还设有自动扶梯、消防电梯等。发生火灾后，尤其是在火灾初起阶段，这都是逃生的良好通道。在下楼梯时应抓住扶手，以免被人群撞倒。

（2）自制器材逃生

商场（集贸市场）是物资高度集中的场所，商品种类繁多，发生火灾后，可利用的逃生物资是比较多的。

（3）利用建筑物逃生

发生火灾时，如上述两种方法都无法逃生，可利用落水管、房屋内外的突出部分和各种门窗以及建筑物的避雷网（线）进行逃生，或转移到安全区域再寻找机会逃生。

（4）寻找避难处所

在无路可逃的情况下，应积极寻找避难处所。例如到室外阳台、楼房平顶等待救援；选择火势、烟雾难以蔓延的房间关好门窗，堵塞缝隙，房间如有水源，要立刻将门窗和各种可燃

物浇湿，以阻止或减缓火势和烟雾的蔓延时间。

[知识学习]

商场（集贸市场）可利用逃生的物资有很多，如毛巾、口罩浸湿后可制成防烟工具捂住口鼻，利用布匹、床单、地毯、窗帘等做成逃生绳索；如果商场（集贸市场）还经营五金等商品，可以利用各种机用皮带、消防水带、电缆线来开辟逃生通道；穿戴商场（集贸市场）经营的各种劳动保护用品，如安全帽、摩托车头盔、工作服等可以避免烧伤或坠落物质的砸伤。

71. 影剧院发生火灾如何疏散逃生?

（1）当舞台发生火灾时，火灾蔓延的主要方向是观众厅。厅内不能及时疏散的人员，要尽量靠近放映厅的一端掌握时机逃生。

（2）当观众厅发生火灾时，火灾蔓延的主要方向是舞台，其次是放映厅。逃生人员可利用舞台、放映厅和观众厅的各个出口迅速疏散。

（3）当放映厅发生火灾时，由于火势对观众厅的威胁不大，逃生人员可利用舞台和观众厅的各个出口进行疏散。

（4）发生火灾时，楼上的观众可从疏散门

经楼梯向外疏散，楼梯如果被烟雾阻隔，在火势不大时，可从火中冲出去，虽然人可能会受点伤，但可避免生命危险。

（5）疏散人员要听从影剧院工作人员的指挥，切忌互相拥挤、乱跑乱窜，堵塞疏散通道，影响疏散速度。

（6）疏散时，人员要尽量靠近承重墙或承重构件部位行走，以防坠落物砸伤。特别是观众厅发生火灾时，人员不要在剧场中央停留。

[相关链接]

影剧院着火时，人多、疏散通道少、光线差等给人员逃生带来了很大的困难。为了迅速疏散人群，影剧院里都设有消防疏散通道，并装有门灯、壁灯、脚灯等应急照明设备，用红底白字标有“太平门”“出口处”或“非常出口”“紧急出口”等指示标志。发生火灾后，观众应按照这些应急照明指示设施所指引的方向，迅速选择人流量较小的疏散通道撤离。

72. 歌舞厅、卡拉OK厅等娱乐场所发生火灾如何疏散逃生？

（1）逃生时必须冷静

由于歌舞厅、卡拉OK厅一般都在晚上营业，并且进出顾客随意性大、密度很高，加上灯光暗淡，失火时容易造成人员拥挤，在混乱中发生挤伤、踩踏事故。因此，要明辨安全出口的方向和采取一些紧急避难措施。

（2）积极寻找多种逃生方法

发生火灾时，首先应该想到通过安全出口迅速逃生。特别要提醒的是由于大多数舞厅内人员密度很大，在逃生过程中，一旦人群蜂拥而出，极易造成安全出口堵塞，使人员无法顺利

通过而滞留火场。

（3）寻找避难处所

设在高层建筑中的歌舞厅、卡拉OK厅发生火灾，且逃生通道被大火和浓烟堵截，又一时找不到辅助救生设施时，被困人员可以暂时逃向火势较轻的地方，向窗外发出求援信号，等待消防人员营救。

（4）互相救助逃生

在歌舞厅、卡拉OK厅进行娱乐活动的青年人比较多，身体素质好，可互相救助逃离火场，同时帮助弱者逃生。

（5）在逃生过程中要防止中毒

由于歌舞厅、卡拉OK厅四壁和顶部有大量的塑料、化学纤维等装饰物，一旦发生火灾，将会产生大量有毒气体。因此，在逃生过程中，尽量避免大声呼喊，防止烟雾进入呼吸道。

[血的教训]

1994年11月27日，辽宁省阜新市艺苑歌舞厅发生特大火灾。起火后，人们发现只能从哪儿进来再从哪儿出去，所以都涌向北门，结果在往外挤的时候，互相掣肘，将门死死卡住，谁也出不去。就这样，堵住了疏散逃生的道路。这次火灾事故共造成233人死亡，20人烧伤。

73. 发生危险化学品泄漏事故如何应急疏散?

（1）呼吸防护

在确认发生毒气泄漏或危险化学品事故后，应马上用手帕、餐巾纸、衣物等随手可及的物品捂住口鼻。手头如有水或饮料，最好把手帕、衣物等浸湿。如有可能，及时戴上防毒面具、防毒口罩。

（2）撤离

判断毒源与风向，沿上风或侧上风路线，朝着远离毒源的方向迅速撤离现场。

（3）洗消

到达安全地点后，要及时脱去被污染的衣服，用流动的水冲洗身体，特别是曾经裸露的部分。

（4）救治

迅速拨打“120”急救电话，将中毒人员及早送医院救治。中毒人员在等待救援时应保持平静，避免剧烈运动，以免加重心肺负担致使病情恶化。

[相关链接]

危险化学品泄漏事故疏散逃生过程中，一定要做好自身防护。

（1）皮肤防护：尽可能戴上手套，穿上雨衣、雨鞋等，或用床单、衣物遮住裸露的皮肤。如已备有防化服等防护装备，要及时穿戴。

（2）眼睛防护：尽可能戴上各种防毒眼镜、防护镜或游泳用的护目镜等。

（3）食品检测：污染区及周边地区的食品和水源不可随便动用，须经检测无害后方可食用。

74. 对危险化学品泄漏事故疏散距离有何要求?

（1）紧急隔离带是以紧急隔离距离为半径的圆，非事故处理人员不得靠近。

（2）下风向疏散距离是指必须采取保护措施的范围，即该范围内的居民处于有害接触的危险之中，根据泄漏危险化学品的毒性，可以采取撤离、密闭住所窗户等有效措施，并保持通信畅通以听从指挥。

（3）由于夜间气象条件对毒气云的混合作用要比白天小，毒气云不易散开，因而下风向疏散距离相对比白天远。夜间和白天的区分以太阳升起和降落为准。

（4）白天气温逆转或在有雪覆盖的地区，或者在日落时候发生泄漏，如伴有稳定的风，也需要增加疏散距离。因为在这类气象条件下污染物的大气混合与扩散比较缓慢（即毒气云不易被空气稀释），会顺风向飘得很远。

（5）对于液态化学品泄漏，如果物料温度或室外气温超过30℃，疏散距离也应增加。

[知识学习]

在事故应急疏散时，应根据泄漏的危险化学品种类和危险性，确定疏散距离。

应急救援与管理

75. 事故应急救援的基本任务是什么？

（1）立即组织营救受害人员，组织撤离或者采取其他措施保护危害区域内的其他人员。抢救受害人员是应急救援的首要任务。

（2）迅速控制事态，并对事故造成的危害进行检测、监测，测定事故的危害区域、危害性质及危害程度。及时控制造成事故的危险源是应急救援工作的重要任务。

（3）消除危害后果，做好现场恢复。及时清理废墟和恢复基本设施，将事故现场恢复至相对稳定的状态。

（4）查清事故原因，评估危害程度。事故发生后应及时调查事故的发生原因和事故性质，评估事故的危害范围和危险程度，查明人员伤亡情况，做好事故原因调查，并总结救援工作中的经验和教训。

[相关链接]

事故应急救援工作是在预防为主的前提下，贯彻统一指挥、分级负责、区域为主、单位自救和社会救援相结合的原则。这是一项涉及面广、专业性强的工作，单靠某一个部门是很难完成的，必须把各方面的力量组织起来，在指挥部的统一指挥下，安全、救护、公安、消防、环保、卫生、质检等部门密切配合，协同作战，迅速、有效地组织和实施应急救援，尽可能地避免和减少损失。

76. 事故应急现场指挥系统的组织结构如何?

现场指挥系统应该由以下核心应急响应职能组成：

（1）事故应急指挥官

事故应急指挥官负责现场应急响应所有方面的工作，包括确定事故应急目标及实现目标的策略，批准实施书面或口头的事故应急行动计划，高效地调配现场资源，落实保障人员安全与健康的措施，管理现场所有的应急行动。

（2）行动部

行动部负责所有主要的应急行动，包括消防与抢险、人员搜救、医疗救治、疏散与安置等。所有的战术行动都依据事故应急行动计划来完成。

（3）策划部

策划部负责收集、评价、分析及发布事故应急相关的战术信息，准备和起草事故行动计划，并对有关信息进行归档。

（4）后勤部

后勤部负责为事故的应急响应提供设备、设施、物资、人员、运输、服务等。

（5）资金（行政）部

资金（行政）部负责跟踪事故应急的所有费用并进行评估，承担其他职能未涉及的资金管理职责。

[相关链接]

重大事故的现场情况一般都是非常复杂的，并且一般现场还汇集了各方面的救援力量和物资，应急救援行动的组织、指挥与协调面临很大的考验，一般会存在如下主要问题需要解决：太多的人向指挥官汇报情况；机构间缺乏协调机制，并且术语不同；缺乏可靠的事故相关信息和决策机制，整体目标不清晰；通信不通畅；机构对自身的现场任务和目标不明确。

77. 什么是事故应急预案?

事故应急预案又名预防和应急处理预案、应急处理预案、应急计划或应急救援预案，是事先针对可能发生的事故（件）或灾害进行预测而预先制定的应急与救援行动，降低事故损失的有关救援措施、计划或方案。事故应急预案实际上是标准化的反应程序，以使应急救援活动能迅速、有序地按照计划和最有效的步骤来进行。

事故应急预案最早是为预防、预测和应急处理“关键生产装置事故”“重点生产部位事故”“化学泄漏事故”而预先制

定的对策方案。应急预案有三个方面的含义，即事故预防、应急处理和抢险救援。

[相关链接]

重大事故应急预案根据层次可分为三种：

（1）综合预案

相当于总体预案，从总体上阐述预案的应急方针、政策，应急组织结构及相应的职责，应急行动的总体思路等。

（2）专项预案

是针对某种具体的、特定类型的紧急情况而制订的计划或方案，是综合应急预案的组成部分，应按照综合应急预案的程序和要求组织制定，并作为综合应急预案的附件。

（3）现场处置方案

是在专项预案的基础上，根据具体情况而编制的。现场处置方案的特点是针对某一具体场所的该类特殊危险及周边环境情况，在详细分析的基础上，对应急救援中的各个方面做出具体、周密而细致的安排。现场处置方案的另一种特殊形式为单项预案。

78. 突发公共事件是如何分类的?

根据突发公共事件的发生过程、性质和机理，突发公共事件主要分为以下四类：

（1）自然灾害

自然灾害主要包括水旱灾害、气象灾害、地震灾害、地质灾害、海洋灾害、生物灾害和森林草原火灾等。

（2）事故灾害

事故灾害主要包括工矿商贸等企业的各类安全事故、交通运输事故、公共设施和设备事故、环境污染和生态破坏事件等。

（3）公共卫生事件

公共卫生事件主要包括传染病疫情、群体性不明原因疾病、食品安全和职业危害、动物疫情，以及其他严重影响公众健康和生命安全的事件。

（4）社会安全事件

社会安全事件主要包括恐怖袭击事件、经济安全事件和涉外突发事件等。

[法律提示]

《国家突发公共事件总体应急预案》中将突发公共安全事件定义为：造成或者可能造成重大人员伤亡、财产损失、生态环境破坏和严重社会危害，危及公共安全的紧急事件。

79. 应急响应的功能和任务有哪些?

应急响应包括应急救援过程中一系列需要明确并实施的核心功能和任务，这些核心功能和任务具有一定的独立性，但相互之间又密切联系，构成了应急响应的有机整体。应急响应的核心功能和任务包括接警与通知、指挥与控制、警报与紧急公告、通信、事态监测与评估、警戒与治安、人群疏散与安置、

医疗与卫生、公共关系、应急人员安全、消防与抢险、泄漏物控制等。

[相关链接]

为了给应急准备、应急响应和减灾措施提供决策和指导依据，应该进行危险性分析。危险性分析包括危险识别、脆弱性分析和风险分析。危险性分析的结果应该能够提供以下资料：

（1）地理、人文（包括人口分布）、地质、气象等信息。

（2）城市功能布局（包括重要保护目标）及交通情况。

（3）重大危险源分布情况及主要危险物质种类、数量及理化、消防等特性。

（4）可能发生的重大事故种类及对周边的后果分析。

（5）特定的时段（例如人群高峰时间、度假季节、大型活动）。

（6）可能影响应急救援的不利因素。

80. 应急演练的主要任务是什么？

应急演练是由多个组织共同参与的一系列行为和活动，按照应急演练的各个阶段，可将演练前后应当完成的内容和活动分解并整理成 20项单独的基本任务，如确

定演练目标和演练范围，编写演练方案，制定演练现场规则，确定评价人员，安排后勤工作，记录应急组织的演练表现；编写书面评价报告和演练总结报告，评价和报告不足项补救措施，追踪整改项的纠正等。

[相关链接]

为充分发挥演练在检验和评价应急能力方面的重要作用，演练策划人员、参演应急组织和人员针对不同应急功能进行演练时，应注意如下演练实施要点：早期通报、指挥与控制、通信、警报与紧急公告、公共信息与社区关系、资源管理、卫生与医疗服务、应急响应人员安全、公众保护措施、火灾与搜救、执法、事态评估、人道主义服务、市政工程等。

81. 应急预案演练形式有哪几种?

（1）桌面演练

桌面演练是指由应急组织的代表或关键岗位人员参加的，按照应急预案及其标准工作程序，讨论紧急情况时应采取行动的演练活动。桌面演练的特点是对演练情景进行口头演练，一般是在会议室内举行。

（2）功能演练

功能演练是指针对某项应急响应功能或其中某些应急响应行动而举行的演练活动，主要目的是测试应急响应功能。例如指挥和控制功能的演练，检测、评价多个政府部门在紧急状态下实现集权式的运行和响应能力等。演练地点主要集中在若干应急指挥中心或现场指挥部，并开展有限的现场活动，调用有限的外部资源。

（3）全面演练

全面演练是指针对应急预案中全部或大部分应急响应功能，检验、评价应急组织应急运行能力的演练活动。全面演练一般要求持续几个小时，采取交互方式进行，演练过程要求尽量真实，调用更多的应急人员和资源，并开展人员、设备及其他资源的实战性演练，以检验相互协调的应急响应能力。

[相关链接]

应急演练的目的是通过培训、评估、改进等手段提高保护人民群众生命财产安全和环境的综合应急能力；说明应急预案的各部分或整体是否能有效地实施；验证应急预案应急可能出现的各种紧急情况的适应性，找出应急准备工作中可能需要改善的地方；确保建立和保持可靠的通信渠道及应急人员的协同性；确保所有应急组织都熟悉并能够履行其职责，找出需要改善的潜在问题。

[法律提示]

应急演练是我国各类事故及灾害应急过程中的一项重要工作，多部法律、法规及规章对此都有相应的规定，如《消防法》《危险化学品安全管理条例》《矿山安全法实施条例》《使用有毒物品作业场所劳动保护条例》《核电厂核事故应急管理条例》《突发公共卫生事件应急条例》等规定有关企业和行政主管部门应针对火灾、化学事故、矿山灾害、职业中毒事故或突发性公共卫生事件定期开展应急演练。

事故调查与处理

82. 生产安全事故等级是如何划分的?

根据造成的人员伤亡或者直接经济损失，生产安全事故（以下简称事故）一般分为以下等级：

（1）特别重大事故

是指造成30人以上死亡，或者100人以上重伤（包括急性工业中毒，下同），或者1亿元以上直接经济损失的事故。

（2）重大事故

是指造成10人以上30人以下死亡，或者50人以上100人以下重伤，或者5 000万元以上1亿元以下直接经济损失的事故。

（3）较大事故

是指造成3人以上10人以下死亡，或者10人以上50人以下重伤，或者 1 000万元以上5 000万元以下直接经济损失的事故。

（4）一般事故

是指造成 3人以下死亡，或者 10人以下重伤，或者1 000万元以下直接经济损失的事故。

上述规定的“以上”包括本数，“以下”不包括本数。

[法律提示]

《安全生产法》第七十三条规定：“事故调查处理应当按照科学严谨、依法依规、实事求是、注重实效的原则，及时、准确地查清事故原因，查明事故性质和责任，总结事故教训，提出整改措施，并对事故责任者提出处理意见。事故调查报告应当依法及时向社会公布。事故调查和处理的具体办法由国务院制定。”

根据目前我国有关法律、法规的规定，生产事故的调查和处理依据《生产安全事故报告和调查处理条例》（国务院令第493号）有关规定进行，《特别重大事故调查程序暂行规定》（国务院令第34号）、《企业职工伤亡事故报告和处理规定》（国务院令第75号）已于2007年6月1日废止。

83. 生产安全事故报告的基本程序是什么？

（1）事故发生单位向政府职能部门报告

《生产安全事故报告和调查处理条例》规定事故发生单位立即向法定的有关人民政府职能部门报告。

（2）政府部门报告的程序

特别重大事故、重大事故逐级上报至国务院安全生产监督管理部门和负有安全生产监督管理职责的有关部门。

较大事故逐级上报至省、自治区、直辖市人民政府安全生产监督管理部门和负有安全生产监督管理职责的有关部门。

一般事故逐级上报至设区的市级安全生产监督管理部门和负有安全生产监督管理职责的有关部门。

（3）越级报告

事故发生单位越级报告。情况紧急时，事故现场有关人员

可以直接向事故发生地县级以上人民政府安全生产监督管理部门和负有安全生产监督管理职责的有关部门报告。

安全生产监督管理部门和有关部门越级报告。必要时，安全生产监督管理部门和负有安全生产监督管理职责的有关部门可以越级上报事故情况。

（4）续报和补报

事故报告后出现新情况的，事故发生单位、安全生产监督管理部门和负有安全生产监督管理职责的有关部门应当及时续报。自事故发生之日起30日内，事故造成的伤亡人数发生变化的，事故发生单位、安全生产监督管理部门和负有安全生产监督管理职责的有关部门应当及时补报。

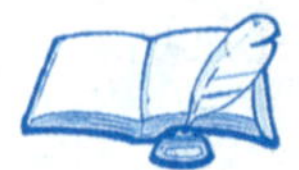

[法律提示]

《生产安全事故报告和调查处理条例》第十条规定：“安全生产监督管理部门和负有安全生产监督管理职责的有关部门接到事故报告后，应当依照规定上报事故情况，并通知公安机关、劳动保障行政部门、工会和人民检察院。”

84. 生产安全事故报告的时限是如何规定的?

（1）事故发生单位事故报告的时限

从事故发生单位负责人接到事故报告时起算，该单位向政府职能部门报告的时限是1小时。

（2）政府职能部门事故报告的时限

县级以上人民政府安全生产监督管理部门和负有安全生产监督管理职责的有关部门向上一级人民政府安全生产监督管理部门和负有安全生产监督管理职责的有关部门逐级报告事故的时限，是每级上报的时间不得超过2小时。安全生产监督管理部门和负有安全生产监督管理职责的有关部门逐级上报事故情况的同时，应当报告本级人民政府。

（3）事故报告法定时限的界定

《生产安全事故报告和调查处理条例》关于事故报告的法定时限，从事故发生单位发现事故发生和有关人民政府职能部门接到事故报告时起算。超过法定时限（没有正当理由）报告事故的，为迟报事故承担相应法律责任，但是遇有不可抗力的情况并有证据证明的除外。例如因通信中断、交通阻断或者其他自然原因致使事故信息等情况不能按时报送的，其报告时限可以适当延长。

[法律提示]

《生产安全事故报告和调查处理条例》第十三条规定："事故报告后出现新情况的，应当及时补报。自事故发生之日起30日内，事故造成的伤亡人数发生变化的，应当及时补报。道路交通事故、火灾事故自发生之日起7日内，事故造成的伤亡人数发生变化的，应当及时补报。"

85. 生产安全事故报告应该包括哪些内容?

《生产安全事故报告和调查处理条例》第十二条规定，事故报告应当包括下列内容：

（1）事故发生单位概况。

（2）事故发生的时间、地点以及事故现场情况。

（3）事故的简要经过。

（4）事故已经造成或者可能造成的伤亡人数（包括下落不明的人数）和初步估计的直接经济损失。

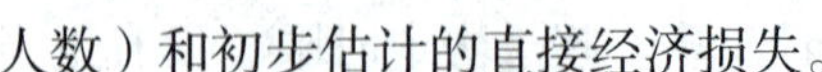

（5）已经采取的措施。

（6）其他应当报告的情况。

事故调查报告应当包括下列内容：

（1）事故发生单位概况。

（2）事故发生经过和事故应急救援情况。

（3）事故造成的人员伤亡和直接经济损失。

（4）事故发生的原因和事故性质。

（5）事故责任的认定以及对事故责任者的处理建议。

（6）事故防范和整改措施。

事故调查报告应当附具有关证据材料。事故调查组所有成员应当在事故调查报告上签名。

[相关链接]

安全生产监督管理部门和负有安全生产监督管理职责的有

关部门应当建立值班制度，并向社会公布值班电话，受理事故报告和举报。

事故调查报告是全面、准确地反映事故调查结果或者结论的法定文书，是有关人民政府做出事故批复的主要依据。事故调查组应当依照《生产安全事故报告和调查处理条例》的规定，在法定时限内向有关人民政府提交经事故调查组全体成员签名的事故调查报告。事故调查报告具有法定的证明力，事故调查组应当对其真实性、准确性、合法性负责。

86. 事故调查的基本原则是什么？

根据《生产安全事故报告和调查处理条例》的规定，事故调查工作必须坚持以下原则：

（1）实事求是的原则

事故调查工作必须坚持实事求是，克服主观主义，做到客观、公正。一是必须全面、彻底地查清生产安全事故的原因，不得夸大事故事实或者缩小事故事实，更不得弄虚作假。二是在认定事故性质、分析事故责任时一定要从实际出发，要在查明事故原因的基础上，根据实际情况明确事故责任。三是在提出对事故责任者的处理意见时，一定要实事求是，不得从主观出发，不能感情用事，要坚持以事实为依据，以法律为准绳，要

根据事故责任划分，按照法律、法规和国家有关规定对事故责任者提出处理意见。四是总结事故教训要准确、全面，落实整改措施要坚决、彻底。

（2）尊重科学的原则

生产安全事故调查工作具有很强的科学性和技术性，特别是事故原因的调查，往往需要做很多技术上的分析和研究，利用很多技术手段，如进行技术鉴定或实验等。尊重科学，一是要有科学的态度，不主观臆断，不轻易下结论，防止个人意识主导，杜绝心理偏好，努力做到客观、公正；二是要特别注意发挥专家和技术人员的作用，把对事故原因的查明、事故责任的分析和认定建立在科学的基础上。

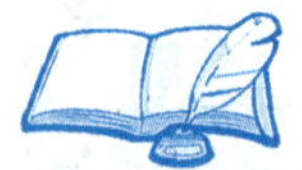

[法律提示]

《生产安全事故报告和调查处理条例》第四条规定：“事故报告应当及时、准确、完整，任何单位和个人对事故不得迟报、漏报、谎报或者瞒报。

事故调查处理应当坚持实事求是、尊重科学的原则，及时、准确地查清事故经过、事故原因和事故损失，查明事故性质，认定事故责任，总结事故教训，提出整改措施，并对事故责任者依法追究责任。”

87. 在事故调查中如何划分职责?

（1）特别重大事故的调查

特别重大事故由国务院或者国务院授权的部门组织事故调查组进行调查，事故调查组组长既可以由国务院有关领导同志担任，也可以由国务院指定有关部门负责同志担任。

（2）重大事故以下等级事故的调查

1）根据《生产安全事故报告和调查处理条例》第十九条的有关规定，重大事故、较大事故、一般事故分别由事故发生地省级人民政府、设区的市级人民政府、县级人民政府负责调查。省级人民政府、设区的市级人民政府、县级人民政府可以直接组成事故调查组进行调查，也可以授权或者委托有关部门组织事故调查组进行调查。未造成人员伤亡的事故，县级人民政府也可以委托事故发生单位组织事故调查组进行调查。

2）煤矿事故的调查。煤矿发生重大事故，由省级煤矿安全监察机构组织事故调查组进行调查，省级人民政府及其有关部门参加调查；发生较大事故、一般事故，由负责监察事故发生地煤矿的煤矿安全监察分局组织事故调查组进行调查，有关地方政府和有关部门参加调查。

3）跨行政区域发生的事故的调查。特别重大事故以下等级事故，事故发生地与事故发生单位不在同一个县级以上行政区域的，由事故发生地人民政府负责调查，事故发生单位所在地人民政府应当派人参加。

（3）上级政府可以调查下级政府负责调查的事故

上级人民政府认为必要时，可以调查由下级人民政府负责调查的事故。

（4）因事故伤亡人数变化导致事故等级发生变化的事故的调查

自事故发生之日起30日内（道路交通事故、火灾事故自发生之日起7日内），因事故伤亡人数变化导致事故等级发生变化，依照《生产安全事故报告和调查处理条例》规定应当由上级人民政府负责调查的，上级人民政府可以另行组织事故调查组进行调查。

[法律提示]

我国生产安全事故调查工作实行“政府统一领导、分级负责”的原则，考虑到火灾、道路交通、水上交通等行业或者领域的事故调查处理已有专门法律、行政法规，《生产安全事故报告和调查处理条例》第四十五条规定：“特别重大事故以下等级事故的报告和调查处理，有关法律、行政法规或者国务院另有规定的，依照其规定。”

88. 事故调查组的职责和权力有哪些？

根据《生产安全事故报告和调查处理条例》的有关规定，事故调查组履行下列职责：查明事故发生的经过，查明事故发生的直接原因和间接原因，查明人员伤亡情况，查明事故

的直接经济损失，认定事故的性质和事故责任，提出对事故责任者的处理建议，总结事故教训，提出事故防范措施和整改意见，提交事故调查报告。

根据《生产安全事故报告和调查处理条例》第二十六条的规定，事故调查组在履行事故调查职责时有以下权力：有权向有关单位和个人了解与事故有关的情况；有权获得相关文件、资料；事故调查组在事故调查中发现涉嫌犯罪的，可及时将有关材料或者其复印件移交司法机关处理。

[相关链接]

根据事故的具体情况，事故调查组由有关人民政府、安全生产监督管理部门、负有安全生产监督管理职责的有关部门、监察机关、公安机关以及工会派人组成。

89. 有关事故责任追究在法律上是如何规定的?

根据法律、法规规定，事故责任人主要包括直接责任人、领导责任人和间接责任人。

（1）直接责任人

直接责任人是指当事人与重大事故及其损失有直接因果关系，是对事故发生以及导致一系列后果起决定性作用的人员。

（2）领导责任人

领导责任人是指当事人的行为虽然没有直接导致事故发生，但由于其领导监管不力而导致事故所应承担责任的人员。

（3）间接责任人

间接责任人是指当事人与事故的发生具有间接关系，需要承担相应责任的人员。

[相关链接]

事故发生后，事故发生单位及其有关人员有谎报或者瞒报事故的，伪造或者故意破坏事故现场的，转移、隐匿资金、财产，或者销毁有关证据、资料的，拒绝接受调查或者拒绝提供有关情况和资料的，在事故调查中作伪证或者指使他人作伪证的，或事故发生后逃匿的，对事故发生单位处100万元以上500万元以下的罚款；对主要负责人、直接负责的主管人员和其他直接责任人员处上一年年收入60%~100%的罚款；属于国家工作人员的，并依法给予处分；构成违反治安管理行为的，由公安机关依法给予治安管理处罚；构成犯罪的，依法追究刑事责任。

伤害急救

90. 发生中毒窒息如何救护?

（1）抢救人员进入危险区域必须戴上防毒面具、自救器等防护用品，必要时也给中毒者戴上，迅速把中毒者转移到有新鲜空气的地方，静卧并注意保暖。

（2）如果是一氧化碳中毒，中毒者还没有停止呼吸或呼吸虽已停止但心脏还在跳动，在清除中毒者口腔和鼻腔内的杂物使呼吸道保持畅通后，立即进行人工呼吸。若心脏跳动也停止了，应迅速进行胸外心脏按压，同时进行人工呼吸。

（3）如果是硫化氢中毒，在进行人工呼吸之前，要用浸透食盐溶液的棉花或手帕盖住中毒者的口鼻。

（4）如果是因瓦斯或二氧化碳窒息，情况不太严重时，只要把窒息者转移到空气新鲜的场地稍作休息就会苏醒。假如窒息时间比较长，就要进行人工呼吸抢救。

（5）在救护中，急救人员一定要沉着，动作要迅速，在进

行急救的同时，应通知医生到现场进行救治。

[知识学习]

火灾时产生的一氧化碳、二氧化碳、二氧化硫、硫化氢等超过允许浓度时，均能使人吸入后中毒。发生中毒窒息事故后，救援人员千万不要贸然进入现场施救，首先要做好自身防护措施，避免或成为新的受害者。

91. 发生高处坠落怎样急救?

（1）去除伤员身上的用具和口袋中的硬物。

（2）在搬运和转送过程中，颈部和躯干不能前屈或扭转，而应使脊柱伸直，绝对禁止一个抬肩、一个抬腿的搬法，以免发生或加重截瘫。

（3）创伤局部妥善包扎，但对有颅底骨折和脑脊液漏患者切忌做填塞，以免导致颅内感染。

（4）颌面部伤员首先应保持呼吸道畅通，撤除假牙，清除移位的组织碎片、血凝块、口腔分泌物等，同时松解伤员的颈、胸部纽扣。若舌已后坠或口腔内异物无法清除时，可用12号粗针穿刺环甲膜，维持呼吸，尽可能早做气管切开。

（5）复合伤要求

平仰卧位，保持呼吸道畅通，解开衣领扣。

（6）周围血管伤，压迫伤部以上动脉干至骨骼。直接在伤口上放置厚敷料，绷带加压包扎以不出血和不影响肢体血液循环为宜。当上述方法无效时可慎用止血带，原则上尽量缩短使用时间，一般以不超过1小时为宜，做好标记，注明上止血带时间。

（7）有条件时迅速给予静脉补液，补充血容量。然后，快速平稳地送医院救治。

[相关链接]

火灾事故常发生人员高处坠落，其伤害属于高速、高能量损伤，多复杂严重，以开放伤、内脏器官损伤的多发伤为其特点。发生骨折的患者也常是多发骨折和多处骨折。这时对患者采取不正确的救治措施往往会加重损伤，引发严重而不可挽回的后果。

92. 发生触电如何急救？

（1）脱离电源

发现有人触电后，应立即关闭开关、切断电源。同时，用木棒、皮带、橡胶制品等绝缘物品挑开触电者身上的带电物体，立即拨打报警求助电话。需防止触电者脱离电源后可能的摔伤，特别是当触电者处于高处时，应考虑采取防摔措施。

（2）急救准备

解开妨碍触电者呼吸的紧身衣服，检查触电者的口腔，清理口腔黏液，如有假牙则应取下。

（3）立即就地抢救

触电者脱离电源后，应根据触电者的具体情况，迅速对症救护，现场应用的主要救护方法是人工呼吸法和胸外心脏按压法。应当注意，急救要尽快进行，不能等候医生的到来，在送往医院的途中，也不能中止急救。

（4）其他情况

如有电烧伤的伤口，应包扎后到医院就诊。

[知识学习]

触电急救的基本原则是动作迅速、方法正确。有资料指出，从触电后1分钟开始救治者，90%有良好效果；从触电后6分钟开始救治者，10%有良好效果；而从触电后12分钟开始救治者，救活的可能性很小。

93. 发生烧伤如何救护?

（1）立即用自来水冲洗或浸泡烧伤部位10~20分钟，也可采用冷敷方法。冲洗或浸泡后尽快脱去或剪去着火的衣服或被热液浸渍的衣服。

（2）轻度烧伤，用清水冲洗后搌干，局部涂烫伤膏，无须包扎。面积较大的烧伤创面可用干净的纱布、被单、衣服覆盖。

（3）发生窒息，应尽快解除；如果呼吸停止，立即进行心肺复苏。

（4）密切观察伤员有无进展性呼吸困难，并及时护送到医院做进一步诊断治疗。

（5）尽量不挑破水疱。较大的水疱可用缝衣针经火烧烤几秒钟或用75%酒精消毒后刺破水疱，放出疱液，但切忌剪除表皮。寒冷季节注意保暖。

（6）烧伤创面上切不可涂抹药水或药膏等，以免掩盖烧伤程度。

（7）千万不要给口渴伤员喝白开水。

[知识学习]

烧伤深度我国多采用三度四分法。

Ⅰ度，称红斑烧伤。只伤表皮，表现为轻度浮肿，热痛，感染过敏，表皮干燥，无水疱，需3~7天痊愈，不留瘢痕。

浅Ⅱ度，称水疱性烧伤。可达真皮，表现为剧痛，感染过敏，有水疱，创面发红、潮湿、水肿，需8~14天痊愈，有色素沉着。

深Ⅱ度，真皮深层受累。表现为痛觉迟钝，可有水疱，创面苍白、潮湿，有红色斑点，需20~30天或更长时间才能治愈。

Ⅲ度，烧伤可深达骨。表现为痛觉消失，皮肤失去弹性，干燥，无水疱，似皮革，创面焦黄或炭化。

烧伤面积越大，深度越深，危害性越大。头、面部烧伤易出现失明，水肿严重；颈部烧伤严重者易压迫气道，出现呼吸困难、窒息；手及关节烧伤易出现畸形，影响工作、生活；会阴烧伤易出现大小便困难，引起感染；老、幼、弱烧伤患者治疗困难，愈合慢。

94. 怎样进行口对口人工呼吸?

（1）将患者置于仰卧位，施救者站在患者右侧，将患者颈

部伸直，右手向上托患者的下颏，使患者的头部后仰。这样，患者的气管能充分伸直，有利于进行人工呼吸。

（2）清理患者口腔，包括痰液、呕吐物及异物等。

（3）用身边现有的清洁布质材料，如手绢、小毛巾等盖在患者嘴上，防止传染病，如图a所示。

（4）左手捏住患者鼻孔（防止漏气），右手轻压患者下颏，把口腔打开，如图b所示。

（5）施救者自己先深吸一口气，用自己的嘴把患者的嘴包住，并向患者嘴里吹气，如图c所示。吹气要均匀，要长一点（像平时长出一口气一样），但不要用力过猛。吹气的同时用余光观察患者胸部，如果看到患者胸部鼓起，表明气体吹进了患者的肺脏，吹气的力度合适；如果看不到患者胸部鼓起，说明吹气力度不够，应适当加大。吹气后待患者鼓起的胸部自然回落，再深吸一口气重复吹气，反复进行，如图d所示。

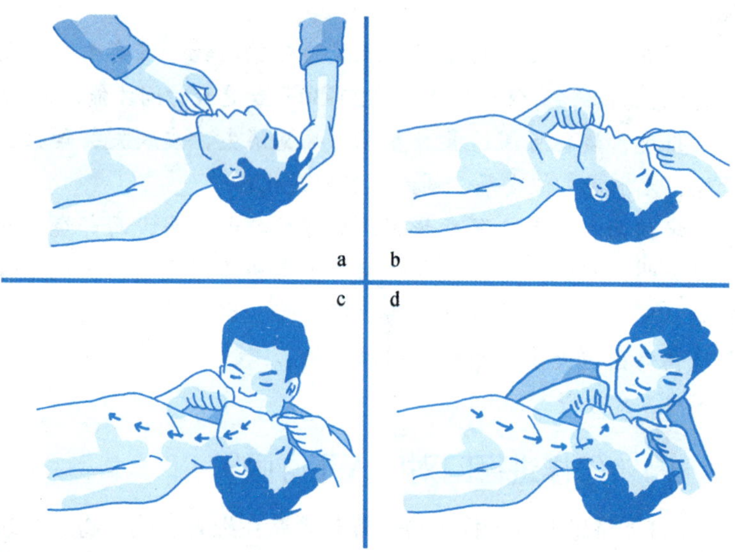

（6）对1岁以下婴儿进行抢救时，施救者要用自己的嘴把孩子的嘴和鼻全部包住进行人工呼吸。对婴幼儿和儿童施救时，吹气力度要减小。

（7）每分钟吹气10~12次。

[知识学习]

只要患者未恢复呼吸，就要持续进行人工呼吸，不要中断，直到救护车到达，交给专业救护人员继续抢救。

如果身边有面罩和呼吸气囊，可用面罩和呼吸气囊进行人工呼吸。

95. 胸外心脏按压法的基本要领是什么?

（1）使伤员仰卧在比较坚实的地面或地板上，解开衣服，清除口内异物，然后进行急救。

（2）救护人员蹲跪在伤员腰部一侧，或跨腰跪在其腰部，两手相叠，如图a所示。将掌根部放在被救护者胸骨下1/3的部位，即把中指尖放在其颈部凹陷的下边缘，手掌根部就是正确的压点，如图b所示。

（3）救护人员两臂肘部伸直，掌根略带冲击地用力垂直下压，压陷深度为3~5厘米，如图c所示。成人每秒钟按压一次，太快和太慢效果都不好。

（4）按压后，掌根迅速放松，让伤员胸部自动复原。放松时掌根不必完全离开胸部，如图d所示。按以上步骤连续不断地进行操作，每秒钟一次。按压时定位必须准确，压力要适当，不可用力过大过猛，以免挤压出胃中的食物，堵塞气道，影响呼吸，或造成肋骨折断、气血胸和内脏损伤等。也不能用力过小，从而起不到按压的作用。

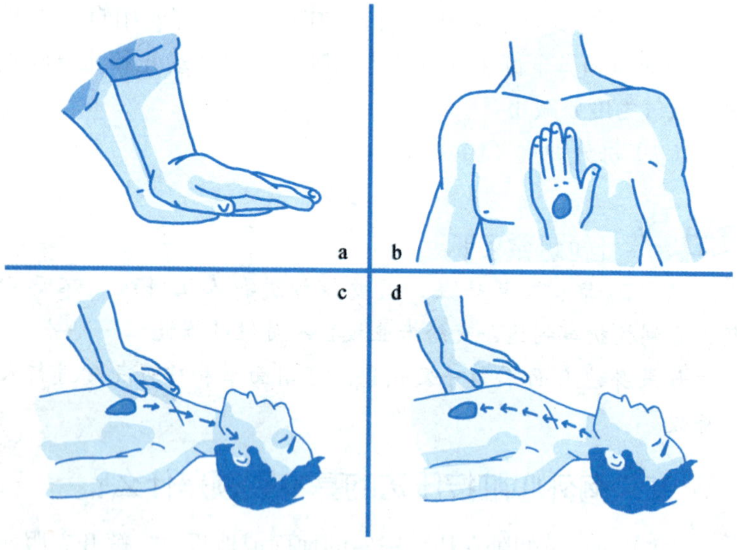

[知识学习]

伤员一旦呼吸和心跳均已停止，应同时进行口对口（鼻）人工呼吸和胸外心脏按压。如果现场仅有一人救护，两种方法应交替进行，每次吹气2~3次，再按压10~15次。进行人工呼吸和胸外心脏按压急救，在救护人员体力允许的情况下，应连续进行，尽量不要停止，直到伤员恢复呼吸与脉搏跳动，或有专业急救人员到达现场。

96. 骨折固定应注意哪些事项？

（1）在处理开放性骨折时，局部要做清洁消毒处理，用纱布将伤口包好，严禁把暴露在伤口外的骨折端送回伤口内，以免造成伤口污染和再度刺伤血管与神经。

（2）对于大腿、小腿、脊柱骨折的伤者，一般应就地固定，不要随便移动伤者，不要盲目复位，以免加重损伤程度。如上肢受伤，可将伤肢固定于躯干；如下肢受伤，可将伤肢固定于另一健肢。

（3）骨折固定所用的夹板长度和宽度要与骨折肢体相称，其长度一般以超过骨折上下两个关节为宜。

（4）固定用的夹板不应直接接触皮肤。在固定时可将纱布、三角巾、毛巾、衣物等软材料垫在夹板和肢体之间，特别是夹板两端、关节骨头突起部位和间隙部位，可适当加厚垫，以免引起皮肤磨损或局部组织压迫坏死。

（5）固定、捆绑的松紧度要适宜，过松达不到固定的目的，过紧影响血液循环，导致肢体坏死。固定四肢时，要将指（趾）端露出，以便随时观察肢体血液循环情况。如出现指（趾）苍白、发冷、麻木、疼痛、肿胀、甲床青紫等症状时，说明固定、捆绑过紧，血液循环不畅，应立即松开，重新包扎固定。

（6）对四肢骨折进行固定时，应先捆绑骨折端处的上端，后捆绑骨折端处的下端。如捆绑次序颠倒，则会导致再度错位。固定上肢时，肢体要屈着绑（屈肘状）；固定下肢时，肢体要伸直绑。

[知识学习]

对于骨折患者，要注意伤口和全身状况。如伤口出血，应先止血，包扎固定；如出现休克或呼吸、心搏骤停，应立即进行抢救。

97. 如何正确搬运伤员?

针对不同伤情，应采用不同的搬运法。

（1）脊柱骨折伤员的搬运

对于脊柱骨折的伤员，一定要用木板做的硬担架抬运。应由2~4人搬运，使伤员成一线起落，步调一致。切忌一人抬胸，一人抬腿。将伤员放到担架上以后，要让其平卧，腰部垫一个靠垫，然后用3~4根皮带把伤员固定在木板上，以免在搬运中滚动或跌落，造成脊柱移位或扭转，刺激血管和神经，使下肢瘫痪。无担架、木板，需众人用手搬运时，抢救者中必须有一人双手托住伤者腰部，切不可单独一人用拉、拽的方法抢救伤者，否则易把伤者的脊柱神经拉断，造成下肢永久性瘫痪的严重后果。

（2）颅脑伤昏迷者的搬运

搬运时要有两人以上，重点保护头部。将伤员放到担架上，采取半卧位，头部侧向一边，以免呕吐物阻塞气道而窒息。如有暴露的脑组织，应加以保护。抬运前，头部给以软枕，膝部、肘部应用衣物垫好，头颈部两侧垫衣物以使颈部固定，防止来回摆动。

（3）颈椎骨折伤员的搬运

搬运时应由一人稳定头部，其他人员以协调力量将其平直抬到担架上，头部两侧用衣物、软枕加以固定，防止左右摆动。

（4）腹部损伤者的搬运

严重腹部损伤者，多有腹腔脏器从伤口脱出，可采用布带、绷带做一个略大的环圈盖住加以保护，然后固定。搬运时采取仰卧位，并使下肢屈曲，防止腹压增加而使肠管继续脱出。

[相关链接]

如果伤员伤势不重，可采用扶、掮、背、抱的方法将伤员运走。

（1）单人扶着行走

左手拉着伤员的手，右手扶住伤员的腰部，慢慢行走。此法适用于伤势不重、神志清醒的伤员。

（2）肩扛手抱法

伤员不能行走，但上肢还有力量，可让伤员上肢钩在搬运者颈上。此法禁用于脊柱骨折的伤员。

（3）背驮法

先将伤员抬起，然后背着走。

（4）双人平抱着走

两个搬运者站在同侧，抱起伤员走。

98. 如何救助中暑人员？

在既有高温，同时还伴有空气湿度大或者热辐射强而风速又小的环境中作业，再加上劳动强度过大、作业时间过长，此时作业人员极容易发生中暑。轻度中暑的初期症状为头晕、眼花、耳鸣、恶心、心慌、乏力。重度中暑患者会有体温急速升高，出现突然晕倒或痉挛等现象。对中暑患者的现场急救原则是：对于轻度中暑患者，应立即将其移至阴

凉通风处休息，擦去汗液，给予适量的清凉含盐饮料，并可选服人丹、十滴水等药物，一般患者可逐渐恢复。对于重度中暑患者，必须立即送往医院救治。

[知识学习]

中暑是指在高温和热辐射的长时间作用下，机体体温调节障碍，水、电解质代谢紊乱及神经系统功能损害的症状的总称。我国于2013年12月23日颁布的新版《职业病分类和目录》（国卫疾控发［2013］48号）规定，职业性中暑是国家法定职业病之一，属于物理因素所致职业病类。

99. 常见的绷带包扎法有哪些？

常见的绷带包扎法有环形包扎法、螺旋形包扎法、螺旋反折包扎法、头顶双绷带包扎法和“8”字形包扎法等。包扎时要掌握好“三点一行走”，即绷带的起点、止血点、着力点（多在伤处）和行走方向的顺序，做到既牢固又不能太紧。先在创口上覆盖无菌纱布，然后从伤口低处向上左右缠绕。包扎伤臂或伤腿时，要尽量设法暴露手指尖或脚趾尖，以便观察血液循环。绷带用于胸、腹、臀、会阴等部位效果不好，容易滑脱，所以一般用于四肢和头部伤。

（1）环形包扎法

绷带卷放在需要包扎位置稍上方，第一圈稍斜缠绕，第二圈、第三圈做环形缠绕，并将第一圈斜出的旗角压于环形圈内，然后重复缠绕，最后在绷带尾端撕开，打结固定或用别针、胶布将尾部固定。

（2）螺旋形包扎法

先环形包扎数圈，然后将绷带渐渐地斜旋上升缠绕，每圈盖过前圈的1/3~2/3成螺旋状。

（3）螺旋反折包扎法

先做两圈环形固定，再做螺旋形包扎，待到渐粗处，一手拇指按住绷带上面，另一手将绷带自此点反折向下，此时绷带上缘变成下缘，后圈覆盖前圈1/3~2/3。此法主要用于粗细不等的四肢如前臂、小腿或大腿等的包扎。

（4）头顶双绷带包扎法

将两条绷带连在一起，打结处包在头后部，分别经耳上向前，于额部中央交叉。然后第一条绷带经头顶到枕部，第二条绷带反折绕回到枕部，并压住第一条绷带。第一条绷带再从枕部经头顶到额部，第二条则从枕部绕到额部和第一条扎紧。

（5）“8”字形包扎法

适用于四肢各关节处的包扎。于关节上下将绷带一圈向上、一圈向下做“8”字形来回缠绕，例如锁骨骨折的包扎。目前已经有专门的锁骨固定带可直接使用。

[知识学习]

对较大创面、固定夹板、手臂悬吊等，需采用三角巾包扎法。

100. 常用的止血法有哪几种?

常用的现场止血法有六种，使用时要根据具体情况选择

其中的一种，也可以把几种止血法结合在一起应用，以达到最快、最有效、最安全的止血目的。

（1）一般止血法

针对小的创口出血。需用生理盐水冲洗消毒患部，然后覆盖多层消毒纱布并用绷带扎紧。

（2）填塞止血法

将消毒过的纱布、棉垫、急救包填塞、压迫在创口内，并用外用绷带、三角巾包扎，松紧度以达到止血目的为宜。

（3）绞紧止血法

把三角巾折成带形，打一个活结，取一根小棒穿在带子外侧绞紧，将绞紧后的小棒插在活结小圈内固定。

（4）加垫屈肢止血法

加垫屈肢止血法是适用于四肢非骨折性创伤的动脉出血的临时止血措施。当前臂或小腿出血时，可于肘窝或腘窝内放纱布、棉花、毛巾作垫，屈曲关节，用绷带将肢体紧紧地缚于屈曲的位置。

（5）指压止血法

指压止血法是动脉出血最迅速的一种临时止血法，是以手指或手掌在伤部上端用力将动脉压瘪于骨骼上，阻断血液通过，以便立即止住出血，但仅限于身体表浅部位、易于压迫的动脉。

（6）止血带止血法

止血带止血法主要是用橡皮管或胶管止血带结扎压迫出血部位而达到止血的目的。操作时，左手拿止血带，后端约16厘米要留下；右手拉紧环体扎，前端交左手，中、食两指挟，沿肢体往下拉，前端环中插，保证不松垮。如遇到四肢大出血，需要止血带止血，而现场又无橡胶止血带时，可在现场就地取材，如采用布止血带、线绳或麻绳等。

[相关链接]

指压止血法的具体方法是：

（1）肱动脉压迫止血法。此法适用于手、前臂和上臂下部出血。止血方法是用拇指或其余四指在上臂内侧动脉搏动处，将动脉压向肱骨，达到止血的目的。

（2）股动脉压迫止血法。此法适用于下肢出血。止血方法是在腹股沟（大腿根部）中点偏内动脉跳动处，用两手拇指重叠压迫股动脉于股骨上，制止出血。

（3）头部压迫止血法。压迫耳前的颈浅动脉，适用于头顶前部出血。面部出血时，压迫下颌骨角前下凹内的颌动脉。头面部较大面积出血时，压迫颈部气管两侧的颈动脉，但不能同时压迫两侧。

（4）手部压迫止血法。手掌出血时，压迫桡动脉和尺动脉。手指出血时，压迫出血手指的两侧指动脉。

（5）足部压迫止血法。足部出血时，压迫胫前动脉和胫后动脉。